Norman Vincent Peale

Dazu bestimmt, mit den Sternen zu reisen

Visionen, die das Leben beflügeln

Herausgegeben von Ralph Waldo

Herder

Freiburg · Basel · Wien

Gedruckt auf umweltfreundlichem,
chlorfrei gebleichtem Papier

Originalausgabe

Alle Rechte vorbehalten – Printed in Germany
© Verlag Herder Freiburg im Breisgau 1997
Herstellung: Freiburger Graphische Betriebe 1997
Umschlaggestaltung: Joseph Pölzelbauer
Umschlagmotiv: Cover artwork © Deborah Santini, from WISHING,
written by Ruth Tiller and published by Peachtree Publishers, Ltd.
Reproduced by permission of the publisher
ISBN 3-451-05004-8

INHALT

Von der Kraft der Gedanken
Einleitung des Herausgebers 7

Freude wird allen geschenkt 11

Innere Einstellung und Geisteshaltung 31

Die Quelle des Mutes 41

Der Kampf gegen die innere Leere 57

Probleme zuversichtlich anpacken und schöpferisch
lösen 81

Begeisterung reißt Schranken nieder 105

Die andere Macht 133

Biographische Notiz 157

Quellennachweis 159

VON DER KRAFT DER GEDANKEN
EINLEITUNG

„Gedanken dringen hinaus und verwirklichen sich.
Man kann einen Gedanken nicht sehen, aber seine
Wirkung kann man verfolgen."
Norman Vincent Peale

„Erfolg oder eine glückliche Geistesveranlagung
scheint von einem glücklichen Verhältnis zwischen
Seele und Verstand abhängig zu sein, von jener
richtigen und seltenen Übereinstimmung zwischen
moralischen und geistigen Kräften."
Ralph Waldo Emerson

„Wer wesentliche Freiheit aufgibt, um ein wenig
temporäre Sicherheit zu erlangen, verdient weder
Freiheit noch Sicherheit."
Benjamin Franklin

Ist es nicht so, daß wir Europäer uns wundern über die Begeisterung, das ungebrochene Selbstverständnis, die grenzenlose Zuversicht der Amerikaner in sich selbst und in ihre Nation? Ja, pflegen wir uns nicht heimlich oder offen zu mokieren über die angeblich so unreflektierte, „einfache" Weltsicht dieser großen Nation?

Trotz dieser Zweifel, dieses „Naserümpfens" haben wir nicht verhindert, daß die Vereinigten Staaten dabei sind, uns und der ganzen Welt ihre Lebensweise, ihre Sprache, ihre Lebensart und ihre Kultur, ja neuerdings gar ihre Eßsitten aufzuzwingen.

Die Unbeschwertheit vieler Amerikaner, ihr Fortschrittsglaube und ihre Lebenskraft, das „Wirgefühl", das sie trotz aller Rassen-, Wirtschafts- und Umweltprobleme noch immer verbindet, haben ihre Wurzeln in den Pioniertagen des jungen (weißen) Amerika.

Einer, dem es gelungen ist, diesen Pioniergeist mit Elan und Begeisterung in unsere Zeit hinüberzuretten, ist der Theologe, Seelsorger und Moralphilosoph Norman Vincent Peale. Die großen Geister Amerikas – Benjamin Franklin, Ralph Waldo Emerson, Henry David Thoreau, Abraham Lincoln – haben ihn tief beeinflußt und geprägt. Ihren Werken und seinem unerschütterlichen Glauben an Gott verdankt er die moralischen und ethischen Werte, an denen er sein Leben verankerte.

Norman Vincent Peale strebte keineswegs das literarische Niveau eines Thoreau oder Emerson an – er ist weit davon entfernt. Wahrscheinlich aber ist, daß er sie an Wirkung noch übertroffen hat. Der Grund dafür ist *eine* Idee, die sein Leben bestimmt hat. Peale glaubte felsenfest daran, daß Gedanken unser Leben prägen und unser Schicksal zu beeinflussen vermögen – negativ oder positiv. *Die Kraft positiven Denkens,* der Titel seines ersten Buches, wurde Programm einer Bewegung, die das Denken von Millionen Menschen prägt.

Peales Buch fußt auf seinem tiefen Glauben an das Gute im Menschen. Die Macht unserer – positiven – Gedanken ist so groß, daß sie widrige äußere Lebensumstände und Schicksalsschläge überwinden hilft und unser Leben zum Guten zu wenden vermag.

Auch hier fußt der traditionsbewußte Autor auf seinen christlichen Lebensgrundsätzen und auf dem Werk einiger Vorläufer, etwa seinen Landsleuten Swett O. Marden („Frohsinn, eine Lebenskraft"); Ralph Waldo Trine („In Harmonie mit dem Unendlichen"); des Franzosen Emile Coué, der die Lehre von der Kraft der Autosuggestion erstmals gezielt zur Bekämpfung von Krankheiten einsetzte:

„Wir sind in der Tat größer als jede Schwierigkeit – denken Sie immer daran! Wachsen Sie, bis Sie über Ihren Schwierigkeiten stehen. Und der Weg, dieses Wachstum zu erreichen, besteht im Gebet und in geistiger Entfaltung. Sie können größer werden als irgendeine Schwierigkeit, die Ihnen begegnet."

Norman Vincent Peale wendet sich in seinen Büchern an die einfachen Menschen. Er untermauert seinen Text mit zahllosen Beispielen, die es dem Leser erlauben, sich damit zu identifizieren. Immer kommt Peale auf direktem Weg zum Kern seines Anliegens, das er anhand von „Geschichten, die das Leben schrieb" treffend erläutert. Seine wahrhaftige, schlichte und unverblümte Sprache, sein von keinen Zweifeln getrübter Glaube, sein unverhohlener Lebensmut haben ihm weltweit ein Publikum eingetragen, das in die Millionen geht.

Vielleicht ist diese Wirkung darauf zurückzuführen, daß Peale unverbrüchlich an das Gute im Menschen glaubt; daß er seinen Leserinnen und Lesern dazu verhilft, an sich selbst zu glauben und den nächsten Tag mit Zuversicht zu beginnen.

Ralph Waldo

FREUDE WIRD ALLEN GESCHENKT

Im gleichen Ausmaß, wie Sie Freude verbreiten, werden Sie auch Freude empfangen. Dies beruht auf dem Gesetz des Ausgleichs von Saat und Ernte. Freude wächst, indem man sie auch anderen vermittelt, sie nimmt ab, wenn man sie für sich allein behält. Tatsache ist, daß, wer Freude nicht weitergibt, schließlich selber ohne Freude bleibt. Der Mensch kann in sich selber die Quelle der Freude entdecken, aus der er mehr schöpfen kann, als er sich das je vorstellen könnte.

Dieses Buch möchte Sie, liebe Leserin, lieber Leser, zur Quelle der Freude führen. Freude wird allen geschenkt, die sich um sie bemühen und sich ihr öffnen. So gefundene Freude löst innere Spannungen, macht uns frei von seelischen Tiefpunkten und verleiht uns ungeahnte Kräfte. Wir können gesünder werden und unsere Begeisterungs- und Aufnahmefähigkeit steigern.

Dr. John A. Schindler ist der Meinung, daß 35 bis 50 Prozent der kranken Menschen sich hauptsächlich deshalb krank fühlen, weil sie nicht glücklich sind und weil sie

anscheinend nicht wissen, daß es für das gesunde Wohlbefinden wichtig ist, freudige, positive Gedanken zu entwickeln. Er versucht bei allen seinen Patienten, eine bessere Heilwirkung dadurch zu erreichen, indem er ihnen rät,
auch innerlich davon überzeugt zu sein, daß sie genesen
werden.

Es besteht eine enge Beziehung zwischen Freude und
Gesundheit. Innere Harmonie bedeutet Gesundheit, Dis-
harmonie bedeutet Krankheit. Unser Körper ist abhängig
von der Tätigkeit der Drüsen. Und die Funktion der Drüsen
wird wesentlich von unserer inneren Einstellung beeinflußt.
Menschen mit einer frohen Natur überwinden Krankheiten
deshalb viel leichter.

Wenn wir diese Zusammenhänge kennen, überrascht es
uns auch nicht, daß wir von Jesus den Rat erhalten, voller
Freude zu sein. Natürlich dürfen wir seine Botschaft nicht
so interpretieren, daß unser einziger Lebenszweck Freude
sei. Das wäre nicht ausreichend. Jesus hat uns die Freude
ans Herz gelegt, um uns das Leben zu erleichtern, das Beste
aus dem zu machen, was uns mitgegeben ist, uns von inneren Konflikten zu befreien und ein harmonischer, glücklicher Mensch zu werden.

Freude und Harmonie sind sinnverwandte Begriffe. Befinden wir uns in Einklang mit uns selbst, so verbinden sich
auch alle unsere Lebenskräfte zu einer Ganzheit. Wir stehen dann mit Gott, der Welt und unseren Mitmenschen in
einer sich ständig erneuernden Beziehung. Ist die innere
Harmonie vorhanden, so arbeiten Geist, Seele und Körper
als Einheit zusammen. Wir befinden uns dann auf einer

höheren Stufe des Seins. Harmonie und Freude sind entscheidende Faktoren, um unsere inneren Kräfte zu steigern.

Auf einer Flugzeugreise saß ich neben einem Ingenieur. Er hatte die Motoren dieser Maschine mitentwickelt. Es war ein herrlicher Tag, und wir spürten das Bedürfnis, uns über die Freude zu unterhalten, die so ein Flug auszulösen vermag. Ich suchte noch nach Worten, um ihm zu sagen, daß eine geglückte Arbeitsleistung der Grund von Harmonie sei, als er einwarf: „Sie haben vollkommen recht. Auch bei einem Flugzeugmotor hängt die Leistungsfähigkeit davon ab, wie reibungslos die einzelnen Maschinenteile ineinandergreifen. Wenn Flugzeugmotoren harmonisch laufen, scheint es mir, als ob sie aus Freude singen." Er schwieg einen Augenblick und fuhr dann fot: „Achten Sie einmal auf das Geräusch dieser riesigen Flugzeugmotoren. Jeder von ihnen arbeitet mit 2500 PS, eine gigantische Musik."

Vorher war mir der Lärm von Flugzeugmotoren immer nur lästig erschienen. Jetzt machte es mir Spaß, dem harmonischen Klang dieser Maschinen zuzuhören und, wie dieser Ingenieur, auf ihren „Gesang" zu lauschen.

Doch das ist nichts im Vergleich zu einem menschlichen Wesen, das Harmonie anstrebt und ausstrahlt. Es ist, als ob dieser Mensch den schöpferischen Quellen näher sei und eine nie endende Kraft in sich trage. Die Anspannungen des täglichen Lebens und alle inneren Konflikte scheinen behoben, Energie und Vitalität können sich harmonisch frei entfalten.

Sportlehrer sind sich bewußt, daß Harmonie und Freude zu außergewöhnlichen Leistungen führen. Freude ist Nahrung für den Geist und gleichzeitig auch für die Nerven, Muskeln und das Herz. Freude beschwingt, steigert die Spannkraft und sorgt für eine schnelle Reaktion. Freude unterstützt die Ausdauer und die Liebe zur Sache. Es ist nicht so leicht, eine freudige, harmonische Person unterzukriegen.

Wenn Menschen, die draußen sind oder im Garten arbeiten, ein Lied singen, wird das zum Gelingen ihres Vorhabens beitragen. Sagte nicht Thomas Carlyle schon: „Gib mir den Mann, der bei der Arbeit singt." Um etwas zu leisten, muß man innere Harmonie besitzen, und um diese auszustrahlen, muß man tiefe und echte Freude empfinden können. Und wie kann man das erreichen? Was muß man dafür tun?

Zuerst sollten wir lernen, freudig zu denken. Es ist eine psychologische Erkenntnis, daß der Mensch, der in einer bestimmten Weise leben will, sich ganz auf diese Lebensweise konzentrieren muß. Wenn wir ängstlich sind, aber gerne mutig wären, müssen wir mutig denken. Mit der gleichen Methode können wir auch ruhiger werden. Vergessen wir aber nicht, intensiv an das zu denken, was wir erreichen möchten.

Nach einer Weile beginnen wir so zu handeln, als könnten wir nicht anders. Bleiben wir lange und ernsthaft genug mit den Gedanken dabei, so werden wir bestimmt das erreichen, was wir uns vorgestellt haben.

Schon morgens beim Erwachen sollten wir uns auf den neuen Tag freuen. Sagen wir uns: „Heute gelingt mir alles.

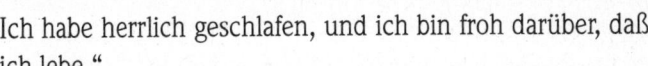

Ich habe herrlich geschlafen, und ich bin froh darüber, daß ich lebe."

Sodann öffnen wir weit das Fenster und atmen die frische Morgenluft ein. Vielleicht scheint die Sonne nicht, es regnet. Dann erinnern wir uns daran, daß Regen erfrischt und der Erde guttut. Mit andern Worten, wir sehen das Gute. Positive Gedanken beeinflussen unser Wohlbefinden. Denken wir freudig, reden wir fröhlich, handeln wir beschwingt, werden wir durch unser Handeln, Sprechen und Denken wirklich ein freudiger, fröhlicher Mensch werden.

Unser Verstand wird sich dem vielleicht entgegenstellen und uns einflüstern, diese ganze Anstrengung lohne sich nicht, da Denken allein nicht hilft. Doch positives Denken wird helfen, besonders wenn wir beständig bleiben, Ausdauer zeigen. Wenn wir ernsthaft bemüht sind, uns zu ändern, so müssen wir unsern Verstand kontrollieren, nicht umgekehrt. Und unser Verstand wird sich sogleich unserer neuen Art zu denken und zu handeln anpassen. Daher können wir aus uns in kurzer Zeit einen freudigen Menschen machen, der im Einklang steht mit allen schöpferischen Kräften des Lebens.

Ein Mensch, der lange Zeit nur düstere Gedanken hegte, wird es zuerst schwer haben, sich auf den neu eingeschlagenen Pfaden zu bewegen. Doch denken wir immer daran, daß alles, was wertvoll ist im Leben, mühevoll erarbeitet werden muß.

Bleistift und Papier können dabei helfen, die täglichen kleinen Freuden und Erlebnisse aufzuschreiben, die uns begegnen. Wir werden erstaunt sein über deren Vielfalt, und wenn wir dabei bleiben, werden wir über den Erfolg staunen. Rufen wir uns systematisch jeden Tag alle freudigen Ereignisse ins Gedächtnis zurück! Denken wir an die glücklichsten und bedeutungsvollsten Erlebnisse in unserem Leben!

Die Kraft, freudige Gedanken zu erzeugen und eine Wandlung der Lebenseinstellung zu erreichen, zeigt das Beispiel eines Mannes, den ich auf einer Reise im Zug traf. Dieser Mann, den ich oberflächlich kannte, war zu jener Zeit ein ausgesprochen verdrießlicher und negativ eingestellter Mensch. Für ihn war alles, von seinem Gesundheitszustand angefangen bis zu den Verhältnissen in seinem Lande, miserabel. „Ist das nicht ein entsetzlicher Zug", brummte er, „und haben Sie im Speisewagen gegessen? War das nicht fürchterlich? Heutzutage bekommt man ja nichts Anständiges serviert. Ich konnte beim besten Willen keinen Bissen hinunterbringen." Später erzählte mir ein anderer Mitreisender, daß er ausgezeichnet gegessen habe.

Dann kritisierte er eine Zeitlang verschiedene Menschen, die wir beide kannten. „Übrigens", sagte er, „ich habe einige Ihrer Zeitungsartikel gelesen, wie man ein vitaler und freudiger Mensch werden kann. Nun möchte ich Sie mal im Ernst fragen, meinen Sie das wirklich so? Und können Sie sich irgend jemanden in dieser Welt vorstellen, der so freudig lebt, wie Sie es andeuten?"

„Sicher, ich kann das", antwortete ich ihm. „Aber wie machen Sie das?" fragte er erstaunt. Und dann fügte er etwas ironisch hinzu: „Sie scheinen ja dem Leben einen guten Geschmack abgewinnen zu können!"

„Der Weg zur Freude", sagte ich, „besteht darin, freudig zu denken, Freude zu zeigen, an die Freude zu glauben, Freude auszuüben und Freude zu geben. Statt daß Sie sagen: ‚Was ist das für ein entsetzlicher Zug!', könnten Sie lieber sagen: ‚Das ist ein herrlicher Zug!' Denn er ist es auch. In der Tat, ein Zug ist ein Kunstwerk, das Produkt eines Genies. Und außerdem hat ein Zug auch sehr viel Romantisches. Wie eine Stadt auf Rädern, die durch die Nacht braust. Und was das Essen anlangt, so schlecht war es gar nicht. Machen Sie es sich doch zur Gewohnheit, etwas verbindlicher zu werden, den Situationen und Umständen, die Ihnen täglich begegnen, mehr Freude abzugewinnen."

Mir war klargeworden, daß dieser Mann schon so lange düster und negativ dachte, daß er darin fast als ein Experte angesehen werden konnte. Wie auch immer: Ich skizzierte ihm die freudebringende Einstellung, wie ich sie bereits beschrieben habe. Dabei geriet ich in eine derartige Begeisterung, daß ich ihn fast überzeugte, wie glücklich er im Grunde sein könnte.

Es kommt häufig vor, daß Menschen, die sich immer nur negativ ausdrücken, eigentlich lieber etwas Positives sagen möchten, jedoch ihrer alten Gewohnheit verfallen sind. Er jedenfalls schien ernsthaft darüber nachzudenken und versprach, meinen Vorschlag auszuprobieren. Tatsächlich stellte er sich auch praktisch um, denn als wir am Morgen in Rom ankamen, war es neblig, und der Himmel war verhangen. Ich stieg gerade in dem Augenblick aus, als ich hörte, wie der Schlafwagenschaffner zu ihm sagte: „Ich hoffe, Sie hatten eine gute Nacht."

„Ach nicht so besonders", antwortete er, „doch nicht so schlecht wie manches andere Mal." Er sah sich das Wetter an und bemerkte: „Sieht ziemlich düster aus heute." Dann sah er mich. Sein Ausdruck änderte sich, und ein Lächeln huschte über sein Gesicht. „Ach, guten Morgen", sagte er noch ein wenig müde. Doch in seiner Stimme klang eine neue Heiterkeit. Dann, mit einem Lächeln: „Schöner Tag heute, was?" Man sah, er hatte sich selbst durchschaut und gab sich schon Mühe, sein Benehmen zu ändern.

Später lernte ich seine Frau kennen, und sie erzählte mir: „Es macht mir Spaß, meinen Mann zu beobachten. Er behauptet, sich besser zu fühlen, bejahend im Leben zu stehen und sich jetzt wirklich freuen zu können. Es scheint alles etwas merkwürdig, doch er hat sich wirklich geändert. Das Leben ist für ihn angenehmer geworden. Und auch für die ganze Familie", fügte sie hinzu.

Eine kluge Ärztin sagte anläßlich eines Vortrages in einer Ärztegesellschaft: „Wir sitzen zuviel. Wir sitzen beim Frühstück, wir sitzen im Zug, der uns zur Arbeit bringt, wir sitzen beim Mittagessen, wir sitzen den ganzen Nachmittag. Schlechtes, zusammengekrümmtes Sitzen erzeugt bei vielen eine Stauung in den wichtigen Organen. Versuchen wir doch des öfteren, uns aufzurichten, uns zu lockern, um Verdauungsstörungen, Unbehagen, schlechte Laune, und was es sonst noch an tausend andern Folgen gibt, zu vermeiden."

Befolgen wir diesen Rat, so werden wir uns besser fühlen. Die bewußte lockere Haltung des Körpers, des Geistes und der Seele wirkt verjüngend und erhält uns länger frisch und munter.

Auf dem Flughafen kam eine junge Frau auf mich zu, entschuldigte sich wegen der Störung und bat darum, eine Frage stellen zu dürfen. „Glauben Sie", sagte sie, „daß ein Mensch, der sein ganzes Leben verpfuscht hat, jemals wieder Freude kennenlernen und Freude empfinden kann?"

Offensichtlich erforderte diese Frage eine längere Unterhaltung, doch da gerade mein Flug ausgerufen wurde, konnte ich nur noch rasch einen Satz auf eine Karte schreiben und sie ihr geben. „Versuchen Sie dieses Rezept", sagte ich, „und lassen Sie mich wissen, wie es bei Ihnen wirkte." Der Satz stammte aus der Bibel und lautet: „So ihr solches wisset, selig seid ihr, so ihr's tut" (Johannes 13, 17).

Einige Monate später besuchte mich diese Frau. „Erinnern Sie sich, als Sie mir einen Bibelspruch auf dem Flughafen aufgeschrieben haben? Ich war so fasziniert von den Worten, daß ich sie immer und immer wieder las. ‚So ihr solches wisset, selig seid ihr, so ihr's tut.‘

‚So ihr solches wisset‘, und ich fragte mich, was ‚wisset‘ bedeuten könnte, und so las ich ein ganzes Stück im Neuen Testament, um diesen Vers zu finden. Als ich ihn dann schließlich fand, wurde mir klar, was er bedeutet. Ich erkannte nämlich, warum ich unglücklich war. Ich lebte nicht richtig, mein Denken war falsch. Ich war voller Haß und Furcht. Ich hatte Dinge getan, deren ich mich schämte. Nur dieser eine Satz", sagte sie schlicht, „hat mein ganzes Leben verändert."

Der Mangel an Freude ist für viele Menschen unserer Zeit, ob jung oder alt, ein Problem. Kürzlich interviewte mich eine junge Redaktorin einer Hochschulzeitung. „Ich möchte eine Frage an Sie richten, die uns alle interessiert. Wie kann man wirklich glücklich sein?"

„Lassen Sie mich das klarstellen", sagte ich, „wollen Sie mir damit sagen, daß eine der wichtigsten Fragen, auf die Studenten eine Antwort suchen, jene ist, wie man wirklich glücklich sein kann?" – „Genau das ist es", erwiderte sie, „Dr. Peale, so viele von uns befinden sich in seelischer Verwirrung. Wir möchten eben wissen, wie man glücklich wird."

Da gab ich ihr den gleichen Ausspruch: „So ihr solches wisset, selig seid ihr, so ihr's tut."

Jeder sollte doch wirklich wissen, was er tun sollte, um sein Leben mit Freude zu füllen. Indem man aufhört, über Menschen zu schimpfen; sie statt dessen zu verstehen versucht. Indem man aufhört, nur an sich selbst zu denken, und versucht, anderen Menschen zu helfen. Jeder weiß, was er tun soll, um glücklich zu sein. Doch die Weisheit des Textes liegt in den letzten Worten: „So ihr solches wisset, *selig seid ihr, so ihr's tut.*"

Es ist erstaunlich und gleichzeitig erbärmlich, daß so viele Menschen durchs Leben gehen und selber die Leidtragenden ihrer inneren Disharmonien sind. Sie mühen sich ab und empfinden trotzdem kein Glücksgefühl. Freuen sie sich denn nicht, daß sie leben?

Ich befand mich in der Toilette eines Flugzeugs, die, wie Sie wissen, sehr eng ist. Ein Fluggast rüttelte unentwegt an der

Türe, um hineinzukommen. Ich rief: „Wenn Sie nur einen Moment warten …"

„Ich will gar nicht auf die Toilette", unterbrach er mich, „ich möchte mit Ihnen reden! Ich sah Sie da hineingehen und dachte, es sei der richtige Augenblick für eine Unterhaltung."

Ich lehnte an der einen, er an der andern Wand dieses engen Raumes. „Was haben Sie auf dem Herzen?" fragte ich ihn.

„Mir ist ganz elend zumute, und mich widert alles an. Ich mache mir selber das Leben zu schwer und kann es kaum mehr aushalten! Dazu bekomme ich noch einen neuen Verantwortungsbereich, den ich unmöglich bewältigen kann."

„Was haben sie für eine Beschäftigung?" fragte ich.

„Ach", sagte er mit Verachtung in der Stimme, „ich bin so ein Hausierer – oder Verkäufer, wenn Sie wollen. Aber nun schickt mich meine Gesellschaft in die Kleinstädte, um unsere Verkäufer zu schulen. Ist das nicht ein Witz? Mache ich auf Sie den Eindruck eines begeisterungsfähigen Menschen, fähig, Verkäufer mitzureißen?" fragte er mit einem gequälten Lächeln. „Ich besitze einfach nicht die Fähigkeit für diesen Job. Ich soll zu Universitätsstudenten sprechen und habe selber nur das Abitur hinter mir. Warum hat mein Chef gerade mich dafür ausgesucht? Um mich ins nächste Fiasko zu stürzen?"

Es bestand kein Zweifel daran, daß er in höchstem Maße deprimiert war, sonst hätte er auch nicht so geringschätzig von sich gesprochen. Ich betrachtete sein vergrämtes Gesicht. „Hätten Sie etwas dagegen, gerade zu stehen?" fragte ich. Er sah mich überrascht an. „Ja, ich meine es im Ernst. Die Art und Weise, wie Sie stehen oder sitzen, hat viel damit zu tun, wie Sie sich fühlen. Wenn Sie gerade stehen, werden Sie wahrscheinlich freier denken." Er streckte sich und lehnte aufrecht an der Wand. „Stimmt, ich fühle mich dadurch schon leichter", meinte er.

„Natürlich hilft's, und ich hoffe, Sie werden immer daran denken. Noch etwas, setzen Sie nie Ihre Arbeit herab. Sie sagten: ‚Ich bin nur ein Hausierer.' Es wäre viel wirkungsvoller – und ich hoffe, Sie werden von jetzt ab tagtäglich sagen: ‚Ich habe eine wichtige Aufgabe zu erfüllen. Es ist mein Privileg, Menschen ein tadelloses Produkt einer tadellosen Firma zu verkaufen oder ihnen einen Dienst zu erweisen.' Und reden Sie niemals in diesem geringschätzigen Ton zu anderen Menschen. Stellen Sie weder sich noch Ihre Arbeit in ein falsches Licht." Dann fügte ich noch hinzu: „Schade, daß Sie für einen Konzern arbeiten, dessen Führung aus dummen Leuten besteht."

„Wer sagt denn, daß sie dumm sind?"

„Nun, sie müssen es sein, sonst hätte man Sie doch nicht damit beauftragt, Vorträge über Verkaufstechnik zu halten."

Er warf sich in die Brust. „Meine Vorgesetzten machen kaum Fehler. Es sind die klügsten Personen des ganzen Unternehmens", fügte er stolz hinzu.

„Ja, das bedeutet wohl, daß man an Sie glaubt, und wenn diese Leute so klug sind, wie Sie sagen, lohnt es sich wohl, an Sie zu glauben. Selbst wenn Sie keine akademische Ausbildung genossen haben, scheinen diese Leute zu wissen, daß Sie Ihren Kopf anstrengen, das Letzte für Ihre Arbeit hergeben, Ihren Job lieben und an das Produkt glauben. Sie wissen weiter, daß Sie bestimmte Fähigkeiten besitzen, durch die Sie anderen helfen können. Ihre Vorgesetzten wissen, daß sie Ihnen vertrauen können. Das sollte Sie eigentlich sehr glücklich machen, denn Sie brauchen dieses Glücksgefühl für Ihre Arbeit, weil Sie dadurch den anderen Verkäufern eine gewisse Dynamik, die von Ihnen ausgeht, vermitteln können. Wann geht es denn mit Ihrem ersten Vortrag los?"

„Heute nachmittag", antwortete er.

„Gut, seien Sie sorglos und mutig; wenn Sie vertrauen, wird es Ihnen gelingen."

Als er von seiner Reise zurückkam, rief er mich an. „Das war eine großartige Zusammenkunft an dem Nachmittag, und der Vortrag klappte auch. Wissen Sie eigentlich, was mit mir in dem Flugzeug geschehen ist?" fragte er. „Ich wurde durch Sie zu mir selber zurückgeführt." Er hatte sich durch die neue Art zu denken innerlich völlig gewandelt.

Die praktische Anwendung des Grundsatzes, Freude mit anderen zu teilen, hat vielen Menschen geholfen, sich weiterzuentwickeln.

Ein guter Freund begegnete mir eines Morgens auf einem Bahnhof, als mein Zug eintraf. Mit mir im Abteil waren Geschäftsleute, Direktoren und teuer gekleidete Geschäftsfrauen, die zwar nach außen hin arriviert und wohlhabend erschienen, von denen aber die meisten einen nervösen und unzufriedenen Eindruck machten. Als wir alle ausgestiegen

waren, sah ich meinen Freund und bemerkte dessen glück-
strahlendes Gesicht.

Dieser Mann war keiner der großen Direktoren. Obwohl
er ein großer Mann ist – vielleicht ein noch größerer als die
sogenannten Großen –, stapelte er Gepäck auf und lud es
auf Wagen, weil das seine tägliche Beschäftigung ist. Es war
Gustav Kirchner, der Dienstmann.

Wir begrüßten uns voller Freude. Als ich ihn verließ,
angeregt wie immer, wenn ich ihn treffe, dachte ich darüber nach, warum Gustav immer noch Gepäck trägt. Ich
bin sicher, daß es ein leichtes für ihn wäre, mühelos eine
besser bezahlte Arbeit zu finden. Ich sprach darüber mit einem anderen Freund, der Gustav auch kennt. „Er denkt,
daß dieser Bahnhof der beste Ort ist, um Freude zu verbreiten und christliche Nächstenliebe auszuüben", erklärte er mir.

Weiter erzählte er mir die Geschichte von einem Be-
trunkenen, der eines Abends auf den Bahnhof kam und Gustav fragte: „Wo kann ich ein Geschenk für meine kleine
Tochter kaufen? Sie ist sieben Jahre alt, und ich möchte ihr
etwas mitbringen."

„Warum wollen Sie ihr etwas schenken?" fragte Gustav.

„Warum? Um sie glücklich zu machen, was glauben Sie
denn?" brummte der Mann.

„Mein Herr, darf ich Ihnen ein Geschenk vorschlagen,
über das sie wirklich glücklich sein wird?" fragte Gustav
sanft.

„Klar, was denn für eins?" knurrte der Mann.

„Bringen Sie ihr einen nüchternen Vater heim. Das wird

sie bestimmt freuen, denn sie liebt ihren Papa und fände es zu schön, einen nüchternen Papa zu haben."

„Was fällt Ihnen denn ein, mir Moral zu predigen", brauste der Mann auf.

„Ich predige nicht Moral", antwortete Gustav, „ich denke nur an Ihre kleine Tochter. Warum ihr nicht einen nüchternen Vater heimbringen?"

Der Mann fluchte und schimpfte und folgte leicht schwankend diesem lebenserfahrenen Dienstmann zum Zug, nachdem sie beide gemeinsam ein Geschenk für das kleine Mädchen gekauft hatten.

Der Mann kam einige Tage später zurück und stöberte Gustav auf. „Was Sie mir neulich sagten, kann ich nicht vergessen. Jetzt möchte ich nur eins wissen: warum Sie es gerade auf mich abgesehen hatten."

„Weil ich sah, daß Sie nicht glücklich sind, obwohl Sie es eigentlich gerne wären", antwortete ihm der Dienstmann.

Dann fing Gustav aber ernsthaft mit ihm zu reden an und übertrug auf den Mann seine eigene Lebensvorstellung. Ist es verwunderlich, daß Gustav, der Gepäckträger, ein von großer Freude erfüllter Mensch ist? Er hat von seiner eigenen Freude soviel an andere Menschen verschenkt dort im Bahnhof und außerhalb, daß von allen Seiten Freude auf ihn zurückstrahlt.

Während eines kurzen Aufenthaltes in Florida erhielt ich von einem jungen Studenten folgenden Brief. Er hatte gehört, daß ich mich in seiner Geburtsstadt aufhielt und schrieb mir:

Sehr geehrter Dr. Peale,

meine Großmutter lebt in der gleichen Stadt in Florida, in der Sie sich gerade aufhalten. Jahrelang habe ich gespart, um ihr ein Rundreisebillet nach New York zu kaufen, weil sie immer gesagt hatte, daß der glücklichste Tag ihres Lebens der wäre, einen Gottesdienst von Ihnen in Ihrer Kirche zu erleben.

Sie hat mir während etlicher Jahre so viel gegeben und mich gelehrt, daß nichts unmöglich ist, wenn man mit Gott lebt.

Sie hatte sieben Kinder, und sie hat alle allein erzogen. Sie zog zwei Enkel auf und unterrichtete sie. Sie schickte meine Schwester und mich zur Schule. Ich habe sie hungrig ins Bett gehen sehen, und sie sagte, sie brauche nichts, nur damit die Familie nicht Hunger litt.

Sie hat das Haus, in dem sie jetzt lebt, durch Abzahlung kaufen können. Man sollte ein Buch über ihr Leben schreiben, und ich bete, damit Gott mir die Erleuchtung gibt, es selber zu schreiben. Sie ist ein Engel auf zwei Beinen, und ihr Lachen klingt wie Musik.

Übrigens sind wir Schwarze.

Ich danke Ihnen, und Gott möge Sie behüten.

Ihr ergebener Robert

Natürlich besuchte ich die Großmutter des Jungen, und sie war, genau wie er es gesagt hatte, eine großartige Frau. Ihr Gesicht spiegelte deutlich jenen Glanz wider, den Menschen nur haben, wenn sie von innen heraus mit Freude erfüllt sind.

Als ich vor ihrem Haus stand, ein kleines bescheidenes Anwesen in einer schmutzigen Straße, war niemand zu Hause. Gerade als ich weggehen wollte, bemerkte ich eine alte Dame mit einem Korb am Arm, die die Straße hinunterkam. Sie hatte einen schlenkernden Gang, ähnlich wie Matrosen ihn haben, wenn sie an Land kommen. Sie sang leise vor sich hin. Ich wußte sofort, daß sie die Frau war, die ich besuchen wollte, und wartete, bis sie beim Haus angelangt war.

„Sind sie Frau Stevens?" fragte ich.

„Ach du meine Güte, ja", sagte sie, „was möchten Sie?"

„Oh, ich wollte Sie nur besuchen", sagte ich.

„Das ist aber nett von Ihnen, doch warum sind Sie zu mir gekommen?"

„Ihr Enkel schrieb mir", erklärte ich. „Er sagte, Sie seien ein Engel auf zwei Beinen. Und so wollte ich eben einen Engel auf zwei Beinen besuchen." Sie lächelte in sich hinein und lachte dann in ansteckender Weise laut los. „O du meine Güte, ich bin kein Engel!"

„Und", fuhr ich fort, „er erzählte mir, daß Ihr Lachen wie Musik klänge!" Darüber mußte sie von neuem lachen, und er hatte recht, es klang wie Musik.

„Der Junge sollte nicht solche Sachen machen", meinte sie, doch man merkte, wie sie sich freute.

Ich ging mit ihr ins Haus, und sie zeigte mir Bilder von all den Kindern, die sie aufgezogen hatte. Ich gratulierte ihr dazu und sagte, sie sei wirklich ein wertvoller Mensch.

„Ach, nicht wertvoll, ich habe sie eben alle lieb, das ist's." Und wegen dieses Satzes schloß ich sie gleich ins Herz.

Gerade in dem Augenblick läutete das Telefon. Ich konnte noch das Ende der Unterhaltung verstehen. „Also, Liebling, nun machen Sie sich keine Sorgen", hörte ich sie zu jemandem sagen, „ich komme heute nachmittag mal rüber und werde Ihnen einheizen." Als sie den Hörer aufgelegt hatte, erzählte sie: „Diese arme, reiche Weiße. Sie macht Schreckliches durch, und ich will sie heute nachmittag besuchen. Man muß ihr mal ganz schön einheizen."

Sie erklärte, daß Menschen, denen man „einheizen" muß, keinen Glauben haben, der sie aufrecht hält.

„Sie sagen, daß diese Weiße reich ist, man ihr aber dennoch einheizen muß?"

„Ja", erwiderte sie, „diese Frau ist nicht reich, sie ist arm. Leute sind nur dann reich, wenn sie Reichtum im Innern besitzen." Sie lächelte mich strahlend an. Es war das Lächeln eines Menschen, der wirklich reich und auch weise ist.

Auch sie gehört zu den anregendsten Menschen, die mir in meinem Leben begegnet sind. Ich konnte nicht anders als fragen: „Und wie gelangen Sie zu dieser Einstellung?"

Sie lächelte verlegen. „Ich ging nicht auf die Jagd nach Glück. Ich hab' eben jeden lieb, und wenn Sie Menschen mögen, sind Sie glücklich." Ich sah ihr an, daß es ihr ernst war. Dann fügte sie hinzu: „Doch der wahre Grund, warum ich so glücklich bin, liegt darin, daß ich gläubig bin und auf Jesus vertraue. Wenn Jesus im Herzen wohnt, kann man alles meistern, nichts entmutigt uns. Man ist eben einfach glücklich."

Es besteht kein Zweifel, diese Frau ist wirklich ein glücklicher Mensch. Für sie ist das Leben Freude.

Damit das Leben auch für Sie eine Freude ist:

1. Suchen Sie nach Beispielen im Neuen Testament, die mit Freude zu tun haben. Tatsächlich ist das Neue Testament ein Buch der Freude, und der christliche Glaube ist die frohe Botschaft.

2. Prägen Sie sich alle diese Stellen in Ihr Gedächtnis ein; ihr Sinn wird immer deutlicher und klarer werden. Sie können sicher sein, daß diese frohen Gedanken schließlich über die unglücklichen siegen werden.

3. Wiederholen Sie täglich einige dieser Sätze. Das ständige Meditieren guter Gedanken bringt Sie dahin, mit diesen übereinzustimmen. Sie werden zu dem geformt, was Sie denken.

4. Seien Sie jeden Tag geöffnet für alles, was Sie freudig stimmen und glücklich machen kann.

5. Versuchen Sie anderen Menschen soviel Freude zu bringen wie nur möglich. Es ist eine erstaunliche Tatsache, daß es auch Sie freudig stimmt, wenn Sie Freude bereiten. Wir verlieren Freude, wenn wir sie egoistisch für uns behalten wollen.

6. Versuchen Sie die freudigen Seiten des Lebens zu sehen. Man muß den Kummer des Lebens mit klaren Augen erfassen und dort helfen, wo man kann. Aber es gibt auch eine Menge Freude, und die gilt es ebenfalls zu erkennen.

Innere Einstellung und Geisteshaltung

Wenn ich an meine Schulzeit zurückdenke, dann gibt es da ein Erlebnis, das ich nie vergessen werde. In der fünften Klasse hatte ich einen Lehrer, der ein erklärter positiver Denker war. Er hieß George Reeves und machte auf seine Schüler einen unvergeßlichen Eindruck. Er war groß und wog fast hundert Kilo, ein Turm von einem Mann.

George Reeves war eine ausgeprägte Persönlichkeit, voller Vitalität; zuweilen tat er Dinge, die nicht voraussehbar waren. Zum Beispiel hatte er die Gewohnheit, unvermittelt „Ruhe!" zu brüllen. Und Sie können mir glauben, wenn er Ruhe verlangte, dann herrschte Ruhe! Dann schritt er zur Wandtafel und schrieb mit großen Druckbuchstaben das Wort „KANNICHT" hin.

„Seht euch das Wort an!" befahl er. „Was machen wir damit?"

Wir wußten, welche Antwort er haben wollte, und so rief die ganze Klasse im Sprechchor: „Das ICHT auswischen!" Und mit weit ausholender Gebärde ließ er das ICHT verschwinden, so daß nur noch ein imposantes KANN auf der Tafel prangte. Den Kreidestaub von den Fingern wischend, musterte er uns. „Laßt euch das eine Lehre sein, und vergeßt es nie: Man *kann,* wenn man denkt, zu können." Wenn sein Blick über die Buben und Mädchen glitt, die staunend zu ihm aufblickten, huschte ein Lächeln über sein Gesicht. „Hört zu, junge Damen und Herren" – aus irgendeinem Grunde nannte er uns nie Buben und Mädchen –, „hört gut zu! Ihr seid größer, als ihr zu sein glaubt! Ihr *könnt,* wenn ihr daran glaubt, wirklich daran glaubt, daß ihr etwas könnt. Und", fügte er hinzu, „das ist das einzig Wichtige, was ich euch in dieser Klasse beibringen will."

Durch den Nebelschleier der Jahre sehe ich jenen starken, klugen, gütigen Mann dort stehen und sich bemühen, einer Klasse amerikanischer Kinder zu verstehen zu geben, was sie aus ihrem Leben machen konnten – was sie werden konnten. Und was er uns lehrte, ist heute genauso richtig wie damals. „Ihr könnt, wenn ihr glaubt, daß ihr könnt! Laßt uns also wirklich daran glauben, daß wir unsere Ziele erreichen, unsere Vorhaben ausführen und das sein können, was wir sein wollen.

Ein Grund, warum wir das zu erreichen vermögen, ist, daß in jedem von uns etwas steckt, das ich den Plus-Faktor genannt habe. Und diese Kraft oder Energie, dieser Ansporn kann uns aus dem Gewöhnlichen empor- und über das Mittelmäßige hochheben. Der Plus-Faktor ist es, der jemandem hilft, alle Probleme des Lebens zu meistern. Der Plus-Faktor kann aus Ihnen und aus mir und aus jedem Menschen, der sich seiner Leitung anvertraut, echte Vollbringer machen.

Der Plus-Faktor ist eng mit der Geisteshaltung verknüpft, der ich den Namen „positives Denken" gegeben

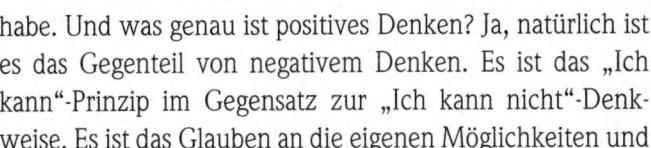

habe. Und was genau ist positives Denken? Ja, natürlich ist es das Gegenteil von negativem Denken. Es ist das „Ich kann"-Prinzip im Gegensatz zur „Ich kann nicht"-Denkweise. Es ist das Glauben an die eigenen Möglichkeiten und das Überwinden der eigenen Zweifel.

Positives Denken ist nicht einfach nur „große Dinge denken". Es kann sich in kleinen Schritten äußern, doch diese ergeben zusammengenommen etwas Großes. Sie wachen zum Beispiel am Morgen auf, und Ihr erster Gedanke ist: *„Das wird ein langer Tag."* Ihre Frau, schon fröhlich beim Frühstück, fragt: „Wie geht's dir denn heute morgen, Schatz?" Und der negative Denker gibt die übliche Antwort: „Ach, gar nicht gut. Mir ist die ganze Energie ausgegangen. Ich bin fix und fertig!" Das Dumme an so einer Antwort ist, daß sie einfach nicht stimmt. Er *denkt* bloß „fix und fertig".

Vielleicht sind Sie Handelsvertreter, und an diesem Tag ist in Ihrer Agenda der Besuch eines ausgesprochen schwierigen Kunden vorgemerkt. „Ich komme mit dem einfach nicht zu Rande. Er kauft bestimmt nicht." So laufen Ihre Gedanken. „Ich habe kein gutes Gefühl." Und: „Ich kann es nicht." Gleich zwei abträgliche Negative. Und da schleppt sich dann der negative Denker ohne Schwung durch den Tag, denkt und redet sich immer weiter abwärts – ein Opfer der drei bösen „M": Mangel an Vertrauen, Mutlosigkeit, Minderwertigkeitsgefühl.

Im Grunde gibt es nur zwei Denkweisen: negatives Denken und positives Denken. Und das negative Denken ist ein sehr gefährlicher Vorgang, denn er blockiert den Strom des Plus-Faktors.

Es gibt ein Naturgesetz der Anziehungskraft. „Gleich und gleich gesellt sich gern", lautet die Redensart. Auf dieselbe Weise ziehen Gedanken derselben Art sich gegenseitig an. Wenn wir gewohnheitsmäßig negative Gedanken in unserer Umwelt, in unsere persönliche Welt, in unsere Berufswelt aussenden, ziehen wir fast unvermeidlich negative Ergebnisse auf uns. Ausgesprochene oder auch unausgesprochene Gedanken haben starke Schwingungen. Sie setzen Kräfte in Gang, die unweigerlich genau die gedachten, geäußerten und eingebildeten Resultate erbringen. Es ist ein geistiges Gesetz, daß negatives Denken, negative Einstellungen, negative innere Bilder zu negativen Ergebnissen führen *müssen.*

Wenn Sie in Ihrem Leben oder in Ihrer Karriere immer wieder Negatives erleben, dann geschieht das nicht einfach so; es sind auch nicht unbedingt „Pechsträhnen" daran schuld. Es könnte sich vielmehr um die unvermeidliche Folge von gedachten und ausgesendeten negativen Geisteshaltungen handeln. Dieser Defätismus kann in Ihrem Inneren schon vor langer Zeit entstanden sein. Vielleicht hat er aus Ihnen einen negativen Denker und Empfänger gemacht.

Doch ich habe eine gute Nachricht für Sie, eine *großartige* gute Nachricht: Sie können sich ändern und ein positiver Denker werden, in dessen Persönlichkeit, in dessen Berufsleben, in dessen menschliche Beziehungen der positive Segen des Plus-Faktors einströmt. Und ich hoffe, Sie sind sich darüber im klaren, daß es *jetzt* Zeit für diese persönliche Änderung ist. Denn wenn Sie es jetzt nicht tun, besteht die Gefahr, daß Sie es vielleicht nie tun werden.

Der positive Denker, die positive Denkerin ist eine optimistische, glaubensdurchdrungene Person, die gewohnheitsmäßig positive Bilder und Standpunkte ausstrahlt, also kreative, positive Gedanken in die Umwelt sendet. Diese starken Gedankenwellen beeinflussen die Umwelt positiv, und es werden positive Rückstrahlungen aktiviert. Was Sie geistig über eine lange Zeit aussenden, kehrt genau und unweigerlich in gleicher Art zurück. Wenn Sie also wirklich erfolgreich werden wollen, ist es von entscheidender Wichtigkeit, daß Sie sich radikal ändern, von zerstörerischem negativem Denken zu kreativem positivem Denken übergehen.

Manchmal sagen mir Leute, die für ihre negative Einstellung eine Ausrede brauchen: „Ich bin nun einmal ein geborener negativer Denker. Mein Vater war es und mein Großvater auch schon. Es liegt in der Familie." Tatsächlich, es kann in der Familie liegen, und es liegt oft in der Familie, aber daß man deswegen ein geborener negativer Denker sei, ist pure Einbildung.

Der Schöpfer erschuf jeden von uns nach seinem Bild und hauchte uns Leben ein. Das bedeutet Energie, Begeisterung, Optimismus. Ich habe noch nie ein negatives Baby gesehen. Kleinkinder scheinen von Natur aus positiv zu sein. Nur werden einige eben in negative Familien hineingeboren, und da sie empfindsam auf die familiäre Atmosphäre reagieren, in der sie aufgezogen werden, nehmen sie mit der Zeit negative Züge an. Solche Kinder wachsen mit einer geringen Selbstachtung auf, sie neigen dazu, sich als geborene Versager oder Verlierer zu sehen.

Als ich einmal durch die verwinkelten Gäßchen von Kaulun in Hongkong schlenderte, kam ich zu einer Tätowierbude. Im Fenster waren Muster der verfügbaren Tätowierungen ausgestellt. Auf Brust oder Arme konnte man sich einen Anker oder eine Flagge oder eine Meerjungfrau oder was auch immer anbringen lassen. Was mir aber am meisten auffiel, waren drei Worte, die man sich einritzen lassen konnte: *Born to lose* – zum Verlieren geboren.

Verwundert betrat ich den Laden, zeigte auf diesen Schriftzug und fragte den chinesischen Tötowierkünstler: „Läßt sich wirklich jemand diesen schrecklichen Satz ‚Zum Verlieren geboren' auf seinen Körper tätowieren?"

„Ja, zuweilen", antwortete er.

„Aber", wandte ich ein, „ich kann mir einfach nicht vorstellen, wie jemand, der bei Verstand ist, das tun kann!"

Der Chinese tippte sich einfach an die Stirn und sagte in gebrochenem Englisch: „Vor Tätowierung auf Brust, Tätowierung im Kopf."

Ein echter Philosoph, dachte ich. Denn ein Mensch wird das, was er über eine lange Zeit hinweg in seinen Kopf einritzt. Tatsache aber ist, dies muß nicht „Zum Verlieren geboren" sein. Es kann „Zum Siegen geboren" sein.

George Hallas, der berühmte Coach der Chicago Bears aus der Football-Nationalliga, hatte an seiner Bürowand einen in die Augen springenden Spruch angebracht: „Geh stets als Gewinner zu Bett." Ein kluger Gedanke. Im Schlaf können die Vorstellungen des Bewußtseins ins Unterbewußtsein eindringen. Und George Hallas wollte nicht, daß seine Spieler sich Verlierergedanken hingaben. Also: Nehmen Sie Defätismus nie mit ins Bett. Stellen Sie sich beim Einschlafen sich selbst sieghaft vor, und lassen Sie das Erfolgsbild innerlich keimen. Die Wirkung wird wunderbar sein. Beherzigen Sie den Rat eines der erfolgreichsten Sportleiter unserer Zeit!

Coach Hallas stand damit auch auf festem psychologischen Boden. Es ist eine Tatsache, daß es tief in der menschlichen Natur liegt, genau das zu werden, was wir über eine lange Zeit in uns selber sehen. Das Bild von uns, das wir bewußt festhalten, reproduziert sich gern als Wirklichkeit. Wenn Sie beispielsweise an einem Minderwertigkeitskomplex leiden und sich selbst stets als unzulänglich vor Augen haben, also nicht an sich glauben, wird gerade das Sie letztlich zu dem machen, was Sie sich vorstellen.

Doch Sie haben es in der Hand, Ihr Selbstbild zu normalisieren und anzufangen, an sich als an einen tüchtigen, fähigen Menschen zu denken. Tun Sie's, und Sie werden allmählich das, was Sie in Ihrer Vorstellung sind.

Das ist nicht bloß Theorie. Es ist eine Tatsache, ich weiß es aus Erfahrung. Als Junge hatte ich brennende Minderwertigkeitsgefühle. Ich war schüchtern, ängstlich und verlegen, das heißt, ich genierte mich, schreckte davor zurück, unter die Leute zu gehen. Ich fand mich ziemlich unfähig und total unbegabt. Ich betrachtete mich als einen Niemand. Dann merkte ich, daß die Leute auch dieser Meinung waren. So ist das: Andere übernehmen unbewußt unsere eigene Einschätzung.

Eine neue Selbsterkenntnis aber stellte sich eines Tages während meines zweiten College-Jahres in einem Kurs in

Wirtschaftslehre ein. Der Professor, Ben Ameson, wurde mir später ein Freund fürs Leben. Am Schluß der Schulstunde sagte er: „Peale, bleiben Sie noch ein paar Minuten." Er blickte mich forschend an. „Was ist mit Ihnen los? Warum sind Sie bloß so ein Wurm? Sie schleichen herum, als hätten Sie furchtbare Angst. Wenn ich Sie in der Stunde etwas frage, werden Sie rot und bringen keinen Ton heraus, obwohl ich weiß, daß Sie den gelernten Stoff sehr gut beherrschen. Warum", fügte er hinzu, „überwinden Sie diesen Minderwertigkeitskomplex nicht und benehmen sich wie ein Mann?"

Trotz meines Unmuts über diese scheinbare Rücksichtslosigkeit mußte ich zugeben, daß er recht hatte. „Ich weiß nicht", stotterte ich, „wahrscheinlich bin ich eben ein Versager."

„Sagen Sie so etwas Negatives nie wieder! Denken Sie es nicht einmal!" donnerte er mich an. „Stützen Sie sich auf Ihren Glauben", fuhr er sanfter fort, „bitten Sie Ihren Vater im Himmel, der Sie erschaffen hat, Sie zu ändern."

Ich stolperte aus dem Klassenzimmer, die Halle entlang und die lange Außentreppe hinunter. Auf der viertuntersten Stufe blieb ich stehen. Und auf dieser Stufe geschah etwas vom Großartigsten in meinem Leben. Dort betrat ich den Weg zum Glauben an mich selbst.

Das kam so: Ich stand völlig entmutigt und hoffnungslos da. Dann tat ich, was man mich geheißen hatte: Ich betete! Es war ein schlichtes, verzweifeltes Gebet. Der Dichter James Russell Lowell schrieb in „Die Kathedrale":

Ich, der ich doch stets morgens und am Abend bete,
Ich hab' dreimal vielleicht im Leben echt gebetet;
Dreimal, bis in mein Unbewußtes aufgewühlt,
Die völlige Befreiung, die Gott ist, gefühlt.

Jedenfalls betete ich diesmal wirklich mit allem, was in mir war. „Sieh, Herr", sagte ich, „Du kannst einen Dieb in einen ehrlichen Mann, einen Trunkenbold in einen nüchternen Menschen verwandeln. Kannst Du nicht einen verwirrten, geschlagenen Jungen wie mich zu einem normalen machen? Amen."

Wahrscheinlich erwartete ich ein Wunder, aber im Augenblick geschah gar nichts, außer daß ich mich ruhig und irgendwie glücklich fühlte.

Bald danach brachte ein anderer Professor mich dazu, Emerson und Thoreau, Mark Aurel und William James zu lesen – Autoren, die lehren, was mit einem Menschen vorgehen kann, wenn er lernt, richtig zu denken. Ich lernte, daß ich mein Leben ändern konnte, indem ich meine Geisteshaltung änderte. Nach und nach gelangte ich zu einem normalen Glauben an mich selbst und entdeckte, daß der Plus-Faktor uns zu Hilfe kommt, wenn wir ihn nur lassen. Ich machte die wichtigste Entdeckung, die es gibt: daß wir können, wenn wir daran glauben, daß wir können.

Die Quelle des Mutes

Ein menschlicher Wesenszug, der seit Anbeginn der Zeit bewundert wird, ist die Fähigkeit, Gefahr oder Leiden tapfer auf sich zu nehmen. Und eng verwandt damit ist die Begabung, angesichts schwieriger moralischer Entscheidungen die richtige Wahl zu treffen. Wir nennen diese besonderen Tugenden *Mut* – und sehr wenige von uns können es sich leisten, selbstzufrieden festzustellen, daß sie ihn besitzen. Im Gegenteil, die meisten fürchten sich vor etwas, und wir sind nie ganz sicher, wie wir reagieren würden, wenn wir uns dem, was uns angst macht, ganz plötzlich zu stellen hätten.

Glücklicherweise steckt in jedem von uns eine verborgene Kraft, die uns helfen kann und auch hilft, in solchen Notfällen zu bestehen. Ich habe dieser Kraft den Namen Plus-Faktor gegeben, und immer wieder höre oder lese ich von ungewöhnlichen Ereignissen, bei denen sie Menschen in gefährlichen oder verzweifelten Situationen durchströmte und sowohl mit fast unfaßbarer Stärke und Ausdauer als auch mit jener Furchtlosigkeit versah, die wir Tapferkeit oder Heldenmut nennen.

Stellen Sie sich vor, was vor ein paar Jahren an einem Pazifikstrand in der Nähe von San Francisco geschah. Es war

Anfang Mai. Zwei Neuabsolventen des San Francisco State College, Shirley O'Neill und Albert Kogler, gingen schwimmen. Sie sprangen in die Brandung, Al voraus, schwammen durch die Brecher und ließen sich im tiefen, ruhigen Wasser etwa fünfzig Meter vom Ufer entfernt gemütlich treiben. „Weitaus schöner, als in der Bibliothek zu sitzen, was?" meinte Al, und Shirley nickte zufrieden. Was keiner von beiden wußte, war, daß aus der Tiefe eines der furchterregendsten, vernichtendsten Lebewesen auf sie zusteuerte, das es gibt: ein großer weißer Hai.

Im Reich der Tiere ist der weiße Hai der gefürchtetste Killer. Oft erreicht er eine Länge von viereinhalb Metern, eine Tonne oder mehr stromlinienförmiger Muskelmasse; die mächtigen Kiefer mit den dreieckigen, rasiermesserscharfen Zähnen vermögen ohne weiteres einen Seelöwen oder einen Menschen in zwei Hälften zu zerteilen.

Shirley hörte einen Schrei, als ein riesiger grauer Umriß sich plötzlich in die Luft zu erheben und auf Al zu stürzen schien. Sein Kopf, mit einemmal rot von Blut, verschwand unter Wasser, tauchte wieder auf, war verzerrt von Todesangst. „Fort, Shirley!" kreischte er, „fort! Es ist ein Hai!"

Shirley O'Neill war es, als hörte ihr Herz zu klopfen auf. Eine Sekunde lang konnte sie sich nicht rühren. *Fort!* schrie jede Faser in ihr, *fort!* Sie wandte sich dem Ufer zu, von namenlosem Grauen gepackt. Der Tod war bei ihr im Wasser. Der Tod wollte sie als nächstes Opfer. Dessen war sie sich sicher.

Dann aber schwamm sie nicht weiter. Etwas ließ sie innehalten. Etwas zwang sie zurück, zurück in das rotgefärbte

Wasser, wo der Hai noch immer um sich schlug, zurück dahin, wo das jetzt blutrote Meer kochte und wirbelte. Sie schwamm zurück zu ihrem Freund. Sie wollte nach seiner Hand greifen und fuhr entsetzt zurück: Sein Arm war an der Schulter abgerissen.

Bestimmt würde der Hai wiederkommen. Bestimmt würde er erneut angreifen. Bestimmt hatte dieses junge Mädchen jeden Anlaß und Grund, sich selbst in Sicherheit zu bringen.

Doch sie brachte sich nicht in Sicherheit. Sie schwamm zu Al und legte ihm den Arm um die Brust. „Lieg still, Al. Versuch nicht zu schwimmen. Lieg still!"

Auf dem Rücken, mit dem freien Arm rudernd, mit den Füßen strampelnd, zog sie ihn dem Strand entgegen. Langsam, langsam, einen Blutstreifen nachziehend – Blut, das andere menschenfressende Ungeheuer anlocken konnte oder auch dasselbe Tier noch einmal. Wellen überspülten ihren Kopf. Alberts Körper schien mit jeder Sekunde schwerer zu werden. Doch er lebte noch. Sie würde ihn nicht aufgeben.

Jetzt waren sie in der Brandung, und ihre Füße berührten Boden, aber sie konnte nicht mehr weiter. Sie konnte nur schwach um Hilfe rufen, und das Rauschen der Brandung erstickte ihre Rufe. Wie durch ein Wunder wurde sie von einem Fischer weiter unten am Strand gesehen. Blitzschnell kam er näher und warf seine Angelschnur treffsicher dicht neben Shirley ins Wasser. Sie wand sie sich um die Taille, er haspelte sie ein und schleppte Shirley und ihre verwundete, blutende Last ins flache Wasser.

Jetzt liefen die Leute von allen Seiten herzu. Jemand legte eine Decke über Al. Er war noch bei Bewußtsein, wenn auch nur knapp, und Shirley O'Neill, eine Katholikin, die wußte, daß Al nie etwas von irgendeiner Religion hatte hören wollen, fragte ihn, ob sie ihn taufen dürfe. Als er nickte, holte sie in ihrer Badekappe Wasser aus dem Meer, kniete neben Al nieder, zeichnete das Kreuz auf seine Stirn und taufte ihn „im Namen des Vaters, des Sohnes und des Heiligen Geistes". Dann wurde eine Bahre gebracht und Al ins Spital gefahren. Zwei Stunden später starb er.

So endete das Leben, das Shirley O'Neill zu retten sich bemüht hatte. Doch ich denke, gläubige Menschen würden sagen, daß für Albert Kogler das ewige Leben begann. Die Frage ist, was war das für eine Kraft, die angesichts der furchterregendsten aller Gefahren eine junge College-Schülerin überkam und ihr den Mut und die Selbstlosigkeit zu ihrem Handeln verlieh?

Es gibt Menschen, die noch keine große Angst erlebt haben, die noch keine frühere große Angst, kein „eingebautes" tiefes Grauen in sich tragen, so daß in einer unvorhergesehenen Krise wie dieser vielleicht das Mutreservoir noch nicht angebraucht ist. Kann aber der Plus-Faktor auch in Erscheinung treten, wenn eine alte, tiefverwurzelte Furcht besteht, die die ganze Persönlichkeit eines Menschen durchdrungen hat? Ich glaube ja. Nehmen wir nur den Fall von Naomi Clinton aus Camden (South Carolina).

Es gibt Menschen, die mit einer schrecklichen Angst vor Feuer durchs Leben gehen, was meist die Folge eines traumatischen Kindheitserlebnisses ist. So jemand war Naomi

Clinton. Als sie drei Jahre alt war, brannte ihr Elternhaus bis auf den Grund nieder. Sie wurde zwar von ihrer Schwester heil hinausgetragen, aber sie erinnerte sich, in die Flammen gestarrt und vor Schrecken entsetzlich geschrien zu haben. Jahre später zerstörte erneut ein Brand das Heim ihrer Familie und legte es in Schutt und Asche. Sooft Naomi danach ihr eigenes Haus und ihre Kinder verließ, bangte sie um deren Sicherheit. Die Angst vor dem Feuer begleitete sie stets.

Als Naomi Clinton eines Tages von einer geschäftlichen Tagung in Florida nach Hause fuhr, sah sie eine kurze Strecke vor ihr eine schwarze Rauchsäule von der Autobahn aufsteigen. Beim Näherkommen bemerkte sie mehrere Autos am Straßenrand und eine Handvoll Leute, die entsetzt auf einen Lastwagen starrten, der sich überschlagen hatte und in Flammen ausgebrochen war. Öltonnen, die aus dem Laster gefallen waren, lagen herum. Naomi Clinton hatte das Bedürfnis, die Augen abzuwenden und weiterzufahren, doch die Flammen züngelten jetzt höher und blockierten die Straße. Sie mußte anhalten. Schon fühlte sie, wie die altvertraute Angst sich ihrer bemächtigte, aber sie stieg aus und gesellte sich zu den Zuschauern.

In diesem Augenblick sah sie etwas wie einen Haufen Schutt neben dem Lastwagen. Dann bewegte sich der Schutt. Es war kein Schutt. Es war der Lastwagenfahrer, der dort im Feuer lag. Während Naomi Clinton hinsah, hob sich eine Hand aus dem Flammen, winkte, flatterte. Schließlich hob der brennende Mann irgendwie den Kopf und schaute sie durch den Rauch hindurch an.

Diesen Augenblick sollte Naomi nie mehr vergessen.

„Ich konnte seine Augen sehen. Sie waren voller Entsetzen, weit aufgerissen. Und sein Mund bewegte sich. Ich sah den Schrei auf seinen Lippen, so schwach, daß ich ihn nicht zu hören vermochte. Das Donnern des Feuers deckte ihn einfach zu. Alle anderen standen einfach da und starrten.

In diesem Augenblick überkam mich ein unbeherrschbares Gefühl. Bevor ich etwas dachte oder mir nur etwas einfiel, lief ich los, auf den brennenden Mann zu. Jemand schrie: ‚Machen Sie keinen Blödsinn! Die Öltonnen werden jeden Moment explodieren!' Der Arm des Fahrers sank zu Boden, hob sich erneut. Er schien zu sagen: *Hilf mir! Ich brenne!*

Meine Feuerangst zerrte an mir, rief: ‚Nein! Nein! Nein!' Doch eine Macht, die viel stärker war als Furcht, eine Macht, die ich nicht begreife, übernahm die Herrschaft. Ich schüttelte den Mann ab, der mich zurückzuhalten versuchte, und rannte durch das brennende Gras zu dieser geschwärzten, ausgestreckten Hand. Die Kleider des Fahrers standen in Flammen. Er wollte sich aufrichten, konnte aber nicht."

Naomi Clinton war nur 50 Kilo schwer. Irgendwie gelang es ihr, den Mann unter den Armen zu fassen und von dem lodernden Lastwagen wegzuzerren. Die Hitze schlug Blasen in ihre nackten Arme und Beine. Rundum war Feuer. Ein Autoreifen explodierte knallend und überschüttete sie mit brennenden Gummifetzen, die ihren Hals verletzten und ihre Haare ansengten. Sie aber zog den Mann immer weiter aus dem brennenden Gras und auf die Straße. Dann schlug sie mit bloßen Händen auf seine rauchenden Kleider ein und warf sich schließlich über ihn, um die Flammen mit ihrem eigenen Körper zu ersticken.

Als endlich die Polizei und ein Krankenwagen eintrafen, war Naomi in einem solchen Angst- und Schockzustand, daß sie kaum imstande war, Fragen zu beantworten. Als sie zu ihrem Wagen zurückgehen wollte, gaben ihre Beine nach, und sie sank zu Boden.

Der Lastwagenfahrer hatte schwere Verbrennungen erlitten, aber er überlebte. Naomi Clinton erhielt vom Gouverneur von South Carolina eine Auszeichnung für heldenhaftes Verhalten und später eine silberne Carnegie-Medaille.

Wie brachte sie so etwas fertig, diese zierliche kleine Frau, die das Grauen vor dem Feuer doch immer gelähmt hatte? Sie brachte es fertig, weil, um es mit ihren eigenen Worten zu sagen, „eine Macht, die viel stärker war als Furcht, die Herrschaft übernahm".

Naomi war überzeugt, daß diese Macht geradewegs von Gott gekommen war. Und ich meine, sie hatte recht, denn dort kommt der Plus-Faktor auch her.

Es ist merkwürdig, wie oft Menschen, die in einem Notfall klug und stark reagieren, das Gefühl haben, diese Klugheit und Stärke sei nicht ihrem Willen oder ihrer Entschlossenheit entsprungen, sondern einer geheimnisvollen Quelle, die sie nicht beim Namen zu nennen vermögen. Sie sind in dieser Beziehung aufrichtig. So war es auch bei John Skerjanec, einem Leitungsaufseher bei der Southern-Colorado-Elektrizitätsgesellschaft.

Skerjanec hatte Starkstromleitungen in den Bergen westlich des Red Canyon Park kontrolliert und war auf dem

Rückweg ins Büro. In einem Halbtonner fuhr er über die gewundenen Bergstraßen. Am frühen Nachmittag gelangte er zur US 50, einer zweispurigen Schotterstraße, unweit der Stelle, wo sie am sogenannten Eight Mile Hill in eine steil abwärts führende Strecke übergeht. Das war ein sehr gefährliches Straßenstück, auf dem in den vergangenen drei Jahren fünf Menschen umgekommen waren.

Als Skerjanec an der Kreuzung stoppte, sauste ein Personenwagen an ihm vorbei und so schnell das Steilstück hinunter, daß er sofort wußte, hier stimmte etwas nicht. Zwei Frauen saßen darin; die eine klammerte sich ans Steuerrad, die andere hatte die Arme hochgerissen und schrie. Offensichtlich hatten die Bremsen versagt, und dann war auch das Getriebe ausgefallen. Völlig außer Kontrolle raste der Wagen den Berg hinunter, mindestens acht Kilometer steile Rampen und Haarnadelkurven vor sich.

Skerjanec schwang sein Gefährt um die Einbiegung, dem „durchgegangenen" Auto nach, und trat aufs Gas. „Und es war eigenartig", erzählte er später: „Ich plante bereits genau, was ich tun würde. Die Idee schien aus dem Nichts einfach dazusein. Ich weiß nicht, wie ich darauf gekommen bin, aber es erschien mir als die einzige Möglichkeit, wie ich die beiden Frauen davor bewahren konnte, von der Straße in den Abgrund zu fliegen."

Deren Wagen pfeilte mit 120 Stundenkilometern abwärts. Skerjanec brauchte mehr als anderthalb Kilometer, um ihn einzuholen. Er wußte, daß sich weiter vorn ein etwa anderthalb Kilometer langes, relativ gerades Straßenstück anschloß. Wenn er überholen wollte, mußte es dort geschehen. Er drückte das Gaspedal durch, der Lieferwagen schoß vorwärts, die Nadel am Tacho zeigte auf 136 Stundenkilometer.

Jetzt rasten sie nebeneinander die Straße hinunter. Die Gefahr für beide Wagen war enorm: wenn sich auch nur die Schutzbleche berührten, bedeutete dies den Tod für alle Insassen. Skerjanecs Denken aber war nur auf die Idee fixiert, „die aus dem Nichts da war". Er überholte und beobachtete dabei den anderen Wagen im Rückspiegel. Als er ihn genau hinter sich hatte, verlangsamte er die Fahrt ein wenig und hoffte, die Dame am Steuer werde nicht in Panik geraten. Er wartete, bis die Stoßstangen sich berührten. Der Stoß trieb die beiden Wagen auseinander, aber er wußte, daß die Frau begriff, was er vorhatte, und ihm zu helfen versuchte. Die Stoßstangen prallten erneut zusammen, und diesmal behielten sie den Kontakt. Ganz sachte und stufenweise betätigte Skerjanec die Bremsen. Als die Geschwindigkeit nachließ, schaltete er in den zweiten Gang. Vorne war bereits eine scharfe Kurve zu sehen. Aber die von Bremsen und Motor bewirkte Hemmkraft genügte. Dicht vor der Kurve kamen beide Wagen zum Stillstand.

Woher kam das „Gewußt wie"? Und die Entschlossenheit? Und das fahrerische Können? Und der Mut? Der Mut, der es John Skerjanec ermöglicht hatte, sein Leben aufs Spiel zu setzen im Versuch, zwei völlig fremde Menschen zu retten? Kein Zweifel: Der Mut stammte aus derselben Quelle wie der Mut von Naomi Clinton. Er stammte von der Gottesgabe, die ich den Plus-Faktor nenne.

Mut äußert sich nicht immer in einer körperlichen Tat.

Es gibt auch einen moralischen Mut: die Art Mut, die jemanden befähigt, das zu tun, was er oder sie für richtig hält, obwohl – oder gerade wenn – etwas anderes vielleicht nützlicher wäre. Viele große Menschen der Geschichte zeigten diesen Mut – und waren eben deshalb groß. Martin Luther, als er beim Reichstag zu Worms seinen Verleumdern gegenüberstand und sagte: „Es ist weder klug noch vernünftig, etwas gegen die Gebote des Gewissens zu tun. Hier stehe ich: ich kann nicht anders." Abraham Lincoln, als er vor der Krise des Bürgerkrieges stand. Einige seiner Ratgeber fanden, er sollte nicht zur Gewalt greifen. Horace Greeley sagte zu ihm: „Wenn Sie verlieren, tränken Sie das Land mit Blut; wenn Sie siegen, befreien Sie das Land nur mit Bajonetten zusammen." Lincoln aber hatte die Vision eines vereinten Landes und den moralischen Mut, für dessen Bewahrung zu kämpfen. Weil er durchhielt, ist Amerika das, was es heute ist.

Zuweilen greift moralischer Mut auch in das durchaus körperliche Reich des Sports über. An einem Dezemberabend starrte ein junger Football-Coach durch ein Hotelfenster in Birmingham in die dunkle Nacht von Alabama hinaus. Er befand sich in einer Situation, von der er gehofft hatte, sie nie erleben zu müssen. Er war erst seit relativ kurzer Zeit Cheftrainer am Giorgia-Technikum, hatte es aber geschafft, dem langanhaltenden Abwärtstrend der Football-Mannschaft eine Wende zu geben. Seine „Gelbjacken" hatten während der ganzen Saison hart gekämpft und schließlich die Chance errungen, am Silvesterabend gegen die favorisierte Mannschaft aus Michigan um den Nationalpokal, die All-American-Bowl, zu spielen. Sie waren die klar Schwächeren, doch Trainer Bill Curry hatte großes Vertrauen in sie ... gehabt.

Eben hatte er erfahren, daß vier der wichtigsten Spieler seiner Mannschaft ihre Trainingsregeln gebrochen hatten. Allen Spielern war gesagt worden, daß Kondition von äußerster Wichtigkeit sei; man erwarte von ihnen, daß sie sich jederzeit an die Trainingsvorschriften hielten. Jeder Verstoß, warnte man sie, würde disziplinarische Maßnahmen nach sich ziehen. Ob sie das verstünden, waren sie gefragt worden. Alle hatten ja gesagt.

Trotzdem hatten sich, nur achtundvierzig Stunden vor diesem entscheidenden Spiel, vier der Jungen nicht an die Sperrstunde gehalten. Nach einem gemeinsamen festlichen Abendessen, das Spannungen lockern und überbeanspruchte Nerven beschwichtigen sollte, hätten sie zu einer bestimmten Zeit schlafen gehen sollen. Als aber die Trainerassistenten nachsahen, waren vier Spieler nicht dort, wo sie sein mußten: im Bett.

Wie sollte die Strafe aussehen? Wenn der Coach sie disqualifizierte, vor diesem ausschlaggebenden Kampf nach Hause schickte, war es so gut wie sicher, daß die Tech-Mannschaft verlor, denn sie gehörten zu den Spitzenkönnern. Nirgendwo in den Vereinigten Staaten ist der Sieg in Football-Spielen so wichtig wie im tiefen Süden. Wenn Curry seine vier Sünder sperrte und verlor, würde es einen wilden Sturm der Entrüstung absetzen. Schon bei der Bekanntgabe seiner Absicht würde enormer Druck auf ihn ausgeübt werden, die Strafe aufzuheben. Die ganze Sympathie

51

und die Popularität, die er sich in diesen Jahren erworben hatte, würden auf der Strecke bleiben. Das seit Jahren wichtigste Spiel der Tech-Mannschaft war kaum zu retten. Andererseits ...

Andererseits hatten die Spieler die Vorschriften gekannt. Sie hatten wissentlich dagegen verstoßen. Wie sollten sie jemals lernen, wie wichtig Disziplin und Selbstbeherrschung sind, wenn man ihnen bloß auf die Finger klopfte und sie dennoch spielen ließ? Und wie mußte denen zumute sein, die sich an die Regeln gehalten hatten? Was war das *Richtige?*

Als er sich diese Frage stellte und um Klarheit betete, wußte Coach Curry die Antwort. Er gab die Order heraus: Die vier fehlbaren Spieler durften nicht antreten.

War hier der Plus-Faktor am Werk? Natürlich. Er ist immer am Werk, wenn jemand bei einer schwierigen Entscheidung das moralisch Richtige wählt. Und wenn der Plus-Faktor in einer Situation den Ausschlag gibt, können erstaunliche Dinge passieren.

Wie bei jenem Pokalspiel. Der Ersatz-Quarterback, zum Beispiel, war noch ziemlich grün und hätte jede Menge Fehler machen können. Statt dessen lieferte er das Spiel seines Lebens. In den letzten Minuten gelang der Mannschaft ein Spielzug, der ihr zum unglaublichen 17:14-Sieg verhalf.

Wenn Sie an jenem Abend im Stadion gewesen wären, hätten Sie den Plus-Faktor nicht sehen können, denn er bleibt immer unsichtbar. Aber gespürt hätten Sie ihn, während da ein „Underdog"-Team, zusätzlich geschwächt durch das Fehlen seiner größten Stützen, sich in einer

mächtigen Aufwallung von Mut und Entschlossenheit auf-
bäumte und das Spiel gewann.

Mut, heißt es in meinem Lexikon, sei „Die Festigkeit des
Geistes, die extremer Gefahr oder Schwierigkeit entgegen-
tritt, ohne zurückzuzucken oder auszuweichen". Das Wort
„courage" selbst sei vom lateinischen Wort für „Herz" ab-
geleitet; tapfere Herzen haben den Mut, etwas zu ertragen,
und ich meine, es ist oft der Plus-Faktor, der für diesen Mut
sorgt. Lassen Sie mich zum Schluß dieses Kapitels eine Geschichte erzählen, die sich vor einigen Jahren in den waldi-
gen Hügeln von Kentucky zutrug.

Marshall Clouse, der an jenem sonnigen Tag durch das
dichte Unterholz drang, war ein glücklicher Mensch. Er war
neunundsiebzig Jahre alt und auf einem Auge blind, aber er
trug seine Kettensäge und anderen Holzfällerwerkzeuge
noch mühelos, und er liebte diese Arbeit: Bäume zu fällen,
die dann in die kleine Sägemühle gefahren wurden, die er
seit zwanzig Jahren sein eigen nannte. Er hatte seinen Klein-
lastwagen etwa hundert Meter entfernt geparkt, dicht neben der alten, unbefestigten Straße. Zum Abendessen wollte
er wieder zu Hause sein. Niemand wußte genau, wo er war.

Er fällte zwei, drei Bäume ohne Schwierigkeiten. Dann,
als eine hohe Pappel sich neigte, verfing sie sich im Geäst eines anderen Baumes. Marshall Clouse sägte den Stamm eines dritten durch, in der Hoffnung, dieser werden den
steckengebliebenen mitreißen. Das geschah aber nicht, und
er wandte sich ab – in dem Augenblick, als beide Bäume
donnernd niederkrachten und ihn zu Boden schlugen. Als
er aus seiner Bewußtlosigkeit erwachte, mit aufgerissenem,

blutendem Gesicht, waren seine beiden Beine unter einem der gestürzten Bäume festgeklemmt, die Knochen zerschmettert, die Schmerzen fast unerträglich.

Vermutlich hatte er noch nie etwas vom Plus-Faktor gehört. Zeit seines Lebens aber hatte er an eine Macht geglaubt, die größer war als er, und an diese wandte er sich nun um Kraft und Mut. Irgendwie schaffte er es mit Hilfe eines Schraubenziehers, den er in der Tasche seines Overalls hatte, seine zerschlagenen Beine unter dem Baum hervorzugraben. Bewegen aber konnte er sie nicht. Als er versuchte, sich zum Kriechen auf den Bauch zu drehen, blieben seine Füße in Ranken und Zweigen hängen, was die Qualen noch verschlimmerte. Die einzige Art, wie er sich fortbewegen konnte, war, daß er sich rücklings, auf die Ellbogen gestützt, Zentimeter um Zentimeter dahinschleppte.

Mancher auch nur halb so alte Mann wäre unter dem Schmerz und Schock zusammengebrochen. Er hätte die Tatsache hingenommen, daß der Lastwagen hoffnungslos weit weg, völlig außer Reichweite, war, und wäre lieber still liegengeblieben, als die Marter jeder Bewegung zu ertragen.

Etwas im Innern von Marshall Clouse jedoch weigerte sich, klein beizugeben. Zentimeter um quälenden Zentimeter schleppte er sich auf dem Rücken weiter, durch das Gewirr des Unterholzes, über scharfkantige Steine; Blut floß ihm von der Stirn, das Hemd war in Fetzen, die Beine hingen hilflos von seinem Körper. Stunde um Stunde mühte er sich ab, während die Sonne allmählich unterging und sich nächtliche Kälte über den schweigenden Wald senkte. Immer wieder biß er sich auf die Lippen, um nicht laut zu schreien, bis er – vier Stunden nachdem der Baum ihn getroffen hatte – endlich neben seinem Wagen lag.

Er öffnete die Tür und reckte die Hand, um sich am Steuerrad hochzuziehen. Das Steuerrad war dicht über seinen zitternden Fingern. Noch einmal versuchte er es, vor Schmerzen aufstöhnend. Er konnte es nicht erreichen. Hier hätte jeder weniger starke Mann, einer, der nicht von unbezwingbarer Entschlossenheit durchdrungen gewesen wäre, aufgegeben. Doch das tapfere Herz des Neunundsiebzigjährigen gab nicht auf. Langsam, unter Qualen, begann er aus Blättern, Erde, Zweiglein, allem, was er zu fassen bekam, einen kleinen Hügel zu bauen, und dann zog er sich hinauf. Wieder streckte er den Arm aus, ergriff das Steuerrad, bot seine letzten Kraftreserven auf und hievte sich in den Wagen.

Auch jetzt noch war er in einer furchtbaren Lage. Seine Beine waren unbrauchbar. Er konnte sie nicht benutzen, um die Bremse oder den Gashebel zu betätigen. Das einzige, was er tun konnte, war, den Wagen zu starten, einen niedrigen Gang einzuschalten und, so gut es ging, zu lenken, während das Auto hügelabwärts rollte, zurück zur Hauptstraße, zu jemandem, der ihm helfen würde. Und das tat er denn auch.

Marshall Clouse verbrachte Wochen im Krankenhaus und dann Monate der Rekonvaleszenz zu Hause. Die Ärzte sagten ihm, er würde nie mehr gehen können. Heute aber geht er wieder. Nicht sehr gut vielleicht. Aber er geht.

Welche Kraft trug diesen neunundsiebzigjährigen Alten durch eine solch schwere Prüfung hindurch? Marshall

Clouse, der schon mehr als sechzig Jahre lang ein gläubiger Christ war, würde sagen, Jesus habe es getan. Und damit hätte er recht. Aber wäre es nicht fair, zu sagen, daß Jesus ihm zu Hilfe kam, indem er in seinem Geist und in seinem Körper den Plus-Faktor und die zusätzliche Kraft freisetzte, die es ihm möglich machten, schlimmste Verletzungen, einen schweren Schock, Blutverlust, marternde Schmerzen und scheinbar unüberwindliche Hindernisse zu überwinden?

Für mich gibt es überhaupt keinen Zweifel, daß in Marshall Clouse von einer Macht, die größer war als er selbst, der Plus-Faktor ausgelöst wurde. Und der Mut und die Kraft, die dieser ihm gab, retteten sein Leben.

DER KAMPF GEGEN DIE INNERE LEERE

Mich hat ein zunehmend größerer Teil der Bevölkerung unseres Landes beschäftigt. Wir machen uns natürlich immer Sorgen um die Armen und die Heimatlosen. Aber die Gruppe, von der ich jetzt spreche, nennt man die „Baby-Boomer". Es sind Menschen, die zwischen 1946 und 1964 geboren wurden. Viele von ihnen sind überdurchschnittlich begabt. Im Beruf haben sie es geschafft, aber viele von ihnen sagen, sie seien innerlich leer; für mich ist das ein Jammer, und dagegen sollte meiner Meinung nach etwas unternommen werden. In einem Artikel mit dem Titel „Große Baby-Boomer" und mit dem Untertitel „Die Generation, die geboren wurde, um wild zu sein, muß sich jetzt überlegen, wie man im mittleren Alter zurechtkommt" nennt F. J. Kalm III die einstigen „Baby-Boomer" die „neuen Philister" und sagt, sie kämen ins Alter, seien müde und konservativ.

„Für die neuen Philister", schreibt er, „sind Sicherheit, Schutz und Familie das höchste. Sie lassen den Saum ihrer Hosen herab und tragen Zweireiher. Sie versuchen, wohlhabend zu wirken. Und graues Haar ist zeitgemäß."

Was soll denn daran falsch sein? Warten Sie; es kommt noch mehr. Kalm zitiert den Forscher Jan Andrew, der sagte:

„Als die ‚Baby-Boomer‘ damals auf dem Arbeitsmarkt auf-
tauchten, erwartete jeder von ihnen Gehaltszulagen, und
jeder von ihnen wollte Erfolg haben. Heute ist ihnen bewußt, daß es nur wenige sind, die das große Los gezogen
haben.“

Andere, welche die spätere Karriere dieser Generation
untersucht haben, sagen, daß es viele von ihnen finanziell
geschafft haben, im Innern aber leer seien. Die Anzahl dieser Frauen und Männer wird auf 76 bis 80 Millionen ge-
schätzt, also rund auf einen Drittel der Gesamtbevölkerung
Amerikas. Sie sind alle Amerikaner, Väter, Mütter, einige
von ihnen junge Großeltern. Was mir besonders Sorge bereitet, ist dieses durchdringende Gefühl des Leerseins, das
so viele von ihnen empfinden. (Selbstverständlich kenne ich
einige 60- und 70jährige, die sich darüber auch beklagen.)
Ich hatte drei Begegnungen – eine mit einer Frau und zwei
mit Männern.

Einst traf ich in einem bekannten Restaurant von San
Francisco, wo ich auf einer Verkaufsjahrestagung gesprochen hatte, die junge Frau. Als ich gegessen hatte, kam sie
zu meinem Tisch und gratulierte mir zu meiner Rede. Ich
spürte aber, daß dies nicht der alleinige Grund war.

„Setzen Sie sich doch bitte, und nehmen Sie einen Kaffee“, sagte ich einladend. Sie nahm mein Anerbieten an; wir
kamen ins Gespräch. Sie war eine Frau in den frühen Dreißi-
gern und berichtete von ihrer Arbeitgeberfirma und ihrem
Beruf. Ich war beeindruckt.

Und dann, als sie die Kaffeetasse abstellte, schaute sie
mich ernst an und sagte: „Dr. Peale, ich bin schrecklich

unglücklich." Das überraschte mich nicht. Nach rund 65 Jahren Seelsorge weiß ich in der Regel, wie es um einen Menschen steht. Man sieht es seinen Augen, seinen Bewegungen und hört es seiner Stimme an. „Sagen Sie es mir", forderte ich sie auf. Worauf folgendes aus ihr herauskam: „Ich bin in einer traditionell jüdischen Familie erzogen worden. Papa und Mama waren wunderbar, liebevoll, aufrichtige Menschen im Gottesglauben. Aber im College verlor ich irgendwie diesen Glauben."

Sie blickte auf ihre Kaffeetasse hinunter.

„Ich geriet in eine weltkluge Gesellschaft, von der einige aus religiösen jüdischen Familien wie die meine stammten. Aber die Klassen, die Professoren und die Vollversammlungen waren so negativ, so zynisch, so zerstörend. Binnen kurzem waren wir total abgedreht." Ihre Augen sahen mich flehend an. „Aber ich habe keinen Ersatz für jenes feste, befriedigende Gefühl gefunden, das mir mein Glaube gegeben hat. Ich fühle mich leer, schlicht und einfach leer."

„Haben Sie mit Ihrem Rabbi gesprochen?" fragte ich.

Sie gab ein nervöses Lachen von sich. „Er würde das nicht begreifen", sagte sie. „Er ist ein netter Mensch, hätte aber nicht die leiseste Ahnung, wie er mir helfen könnte." Sie seufzte und schlürfte ihren Kaffee. „Na ja, es kann ja sein, daß dieses Gefühl der Leere irgendwann verschwindet. Wissen Sie, es ist nicht einfach die religiöse Angelegenheit, die mich durcheinanderbringt. Es ist, nun ..." Sie schaute weg. „... es ist diese neue Moral. Irgendwie geht's so nicht ..."

Sie zuckte die Achseln und sagte nichts mehr.

„Hm", gab ich nachdenklich von mir, „das College, das Sie besucht haben, muß gewaltig gewesen sein – eines mit einer über alle Zeiten hinweg überlegenen Fakultät."

Sie schaute erstaunt auf. „Es ist eine gute Schule mit einer wirklich feinen Fakultät; aber wie kommen Sie darauf, anzunehmen, daß sie derart groß ist?"

„Weil Sie vor dem College ein paar wirklich große Lehrer hatten, kluge Köpfe wie Jesaja, Jeremia und Moses. Die Tatsache, daß Sie danach einige Professoren hatten, die Sie dazu bewogen, die Lehren Mose und der Propheten zu verwerfen, bringt mich auf den Gedanken, daß jene Professoren irgendeine Fakultät ausmachten." Ich lächelte, eine Grimasse schneidend. „Haben sie auch Sokrates, Plato und Aristoteles herabgewürdigt?"

Sie lachte. „Getroffen. Toll von Ihnen, daß Sie die Sache so anpacken. Ich muß schon sagen: Ich mag Sie, Dr. Peale."

„Dieses Kompliment erwidere ich, denn ich mag Sie auch", sagte ich lächelnd. Darauf lehnte ich mich im Stuhl zurück und schaute sie ernst an. „Für mich sind Sie viel zu intelligent, um auf derartige Kleingeister reinzufallen, statt auf die wirklich Großen zu hören."

Sie guckte mich belustigt an. „Was meinen Sie jetzt wohl, Dr. Peale, wenn ich Ihnen sage, daß ich ein christliches College besucht habe?" Ich lachte. Kein Wunder, daß diese junge Dame Leiterin einer wichtigen Abteilung in ihrer Unternehmung war.

„Getroffen", gab ich zurück. „Wenn die Christen einen Mißerfolg verbuchen, so ist es so, wie Major La Guardia zu sagen pflegte: ‚Herrlich! Ich sag' Ihnen was: Geht nach

Hause, und lest die Genesis, Jesaja, Jeremia, Hesekiel, die Sprüche und die Psalmen'", sagte ich darauf.

Sie schrieb diese Namen auf einem Notizpapier, das sie aus ihrer Tasche herauszog, auf.

„Ich verbürge mich dafür, daß diese Bücher und Propheten Sie wieder auf den richtigen Weg bringen", sagte ich. „Aber da ist noch mehr, was Sie tun müssen ... mehr, als sie einfach so lesen."

Sie schaute fragend auf.

„Glauben Sie, was Sie lesen", betonte ich mit Nachdruck. „Erinnern Sie sich daran, daß diese Lehren Juden, Christen und allen, deren Glauben zum Teil auf den Büchern des Alten Testaments beruhen, während tausend und abertausend Jahren geholfen haben. Wären Sie nicht wahr gewesen, hätten sie nicht die Probe über alle Zeiten hinweg bestanden."

Hinzu fügte ich: „Nehmen Sie noch eine weitere Anregung eines christlichen Pfarrers, wie ich es bin, als guten Ratschlag an, liebe junge Dame." Sie schaute auf, derweil sie ihren Notizblock in ihre Tasche zurücklegte. Ich lehnte mich vor und sagte: „Lieben Sie Ihren Rabbi; ich bin überzeugt, daß er in Ordnung ist."

Sie lächelte, nahm ihre Tasche und machte sich zum Weggehen bereit. „Ich muß gestehen, daß ich mich bereits jetzt besser fühle, Dr. Peale. Aber ...", ihre Augenbrauen zogen sich kurz zusammen, „... ich bin nach wie vor verwirrt. Ich muß mir ein paar Gedanken machen."

„Machen Sie sich viele davon", sagte ich zustimmend, „je mehr Sie über jene ewig währenden Wahrheiten, die von einigen der größten Psychologen und Denker aller Zeiten geschrieben worden sind, wirklich nachdenken und lesen, desto rascher erlangen Sie wieder das feste, befriedigende Selbstvertrauen und den Glauben." Ich stand auf und gab ihr die Hand. „Ich werde Ihnen auch einige gute, positive protestantische Gebete zukommen lassen, die Sie zum Frieden und zum Glück hinführen mögen. Wissen Sie", sagte ich, als wir uns verabschiedeten, „es liegt auf der Straße und wartet darauf, daß sie es schlicht und einfach annehmen und *glauben.*"

Etwas später erhielt ich von ihr eine Mitteilung auf dem Briefpapier ihrer Firma: „Ich habe getan, was Sie sagten, Dr. Peale, und ich gehe wieder zurück auf meinen Weg." Dann fügte sie hinzu: „Ich erzählte meinem Rabbi von Ihrem Ratschlag; Sie erraten nie, was er gesagt hat: ,Dieser Mann wäre ein guter Rabbi geworden.'"

„Das ist ein Kompliment", dachte ich. Als ich sie um Erlaubnis bat, dieses Erlebnis im vorliegenden Buch zu schildern, sagte sie zu, verlangte aber, daß ihr Name aus persönlichen Gründen nicht genannt wurde.

Einige Wochen nach dieser Begegnung war ich in Las Vegas, wo ich an einer nationalen Geschäftskonferenz sprechen mußte. Dort traf ich einen weiteren „Baby-Boomer". Nach meiner Ansprache kam ich mit vielen Teilnehmern zusammen; da grüßte mich ein jüngeres Ehepaar, das wirklich reizend ausschaute. Der Mann nahm mich beiseite, legte seine Hand liebevoll auf meine Schulter und sagte: „Für mich sind Sie wie ein alter Freund, Dr. Peale. Als ich ein kleiner Junge war, habe ich Ihr Buch *Die Kraft positiven Denkens* gelesen und mich danach gerichtet. Ich war von jeglicher Begeisterung und vom Glauben erfüllt. Aber ich muß Ihnen etwas gestehen." Er zögerte erst und fügte dann hinzu: „Unser Pfarrer begann Sie zu kritisieren. Er sagte, daß das, was Sie schreiben, theologisch nicht haltbar sei und wir uns davon nicht irreleiten lassen sollten. Ihre Bücher, so sagte er, seien bloß Erfolgsbücher, die aufzeigten, wie man zu Geld kommt und wie man sich aufmotzt. Na ja, ich hörte auf ihn und las Ihre Bücher nicht mehr."

Er schüttelte den Kopf. „Wahrscheinlich war es dumm von mir, so zu handeln. So oder so verlor ich allmählich die Begeisterung, die ich als Kind hatte. Ich habe auch keinen Glauben und kein Selbstvertrauen mehr – wenigstens nicht so, wie Sie beides beschreiben."

Er blickte mich hilflos an. „Vielleicht liegt's nur an der Welt, Dr. Peale. Mit all den Verbrechen, all den wilden Spekulationen an der Wallstreet, mit den irrwitzigen Dingen, die sich im Nahen Osten und in Mittelamerika ereignen; vielleicht hatte mein alter Pfarrer recht, wenn er sagte, man dürfe die Welt nicht durch eine rosa Brille sehen. Ich hab' einen guten Job in einer großen Stadt, doch, Dr. Peale, ich weiß, daß wir in einer Welt leben, in der einer den anderen frißt. Ich kann mir vorstellen, daß ich von allen schlecht denke. In der Tat und Wahrheit habe ich nicht viel vom Leben – Phyllis, die gleich nebenan steht, ausgenommen", sagte er und zeigte auf seine Frau. „Sie ist ein wunderbarer Mensch, sie denkt positiv und ist eine wahre Christin. Und doch, machen wir uns nichts vor, fühle ich mich leer. Ich glaube nicht, daß es überhaupt irgend etwas gibt, woran man noch irgendwie wirklich glauben kann."

Ich fühlte mich zu diesem Mann hingezogen, zumal er tatsächlich leer aussah.

„Warum gehen Sie nicht zum Pfarrer Ihrer Heimatstadt und sagen ihm, wie leer Sie sich fühlen?" schlug ich vor. „Ich bin sicher, daß er ein verständnisvoller Mann ist. Er wird Ihnen helfen." Der Mann schüttelte den Kopf. „Wie käme ich dazu? Er ist derjenige, der meine Begeisterung, die ich als Kind hatte, auslöschte."

„Nun, ich glaube nicht, daß er dies gewollt hat", gab ich zurück. „Er hat womöglich gedacht, er würde Sie so im Glauben bewahren. Vielleicht fehlte es ihm an Verständnis. Aber geben Sie ihm doch eine Chance. Jeder von uns hat irgendwann einmal einen anderen Menschen in eine falsche Bahn gelenkt. Sie wissen, daß Jesus Christus der positivste Denker war, den diese Welt je gesehen hat. Seine Lehren – wie zum Beispiel Gott um Hilfe bitten und *glauben,* daß man sie erhält, die andere Backe hinhalten, den Feinden vergeben und Ihm die eigenen Sorgen überlassen – laufen der Denkweise dieser Welt zuwider, daß wir Menschen Mühe haben, an sie zu glauben. Verurteilen Sie daher Ihren alten Pfarrer nicht allzusehr."

Jetzt legte ich meine Hand auf *seine* Schulter. „Eines steht fest: Mit diesem Groll im Herzen, mein Freund, finden Sie nie Frieden."

Darauf erläuterte ich ihm, was ich der jungen Dame zum Bibellesen gesagt hatte: „Verlassen Sie sich nicht nur auf einen Menschen. Lesen Sie die großen Lehrbücher und Propheten des Alten Testaments und danach Matthäus, Markus, Lukas und Johannes – ohne dabei Paulus zu vergessen.

Ich bin überzeugt, daß das alles Sie auf den richtigen Weg zurückführt."

Er versprach es mir, und ich glaubte ihm, daß er die richtige Bahn wiederfinden würde. Heute ist er allem Anschein nach ein Mensch, der an das Leben und an die wahren Werte glaubt. Denn wenn man die zeitlosen Wahrheiten der großen Heiligen mit dem oberflächlichen ichbezogenen Denken und der Einstellung „Erst die andern fertigmachen, *bevor* sie dich fertigmachen" von heute vergleicht, so tritt der eindrückliche Unterschied recht eigentlich zutage.

Bald darauf traf ich einen jungen Mann an, auf den ich zufällig in einem Artikel im angesehenen *Journal of the American Medical Association* stieß. Der Bericht fiel mir ins Auge, weil er von „Baby-Boomern" handelte. Sowohl die junge Frau in San Francisco als auch der junge Mann in Las Vegas paßten in diese Kategorie. Laut diesem Bericht hatte Dr. Gerald Kierman vom Cornell University Medical College in New York und einer seiner Kollegen Studien, die in den vergangenen fünf Jahren von 40 000 Menschen in den bedeutendsten zehn Staaten der USA angestellt worden waren, durchgesehen. Dabei ergab sich, daß „Baby-Boomer" vier- bis fünfmal mehr zu Depressionen neigen als jene, die früher oder später geboren wurden.

Dies traf für industrialisierte Länder wie die Vereinigten Staaten, Schweden, Deutschland und Kanada zu. Dr. Kierman war davon überzeugt, weil in solch urbanisierten Gebieten der enge Familienzusammenhalt als Quelle sozialer Unterstützung dazu neigt, schwächer zu werden. „Man ist geneigt zu sagen, daß Depression Teil des Preises ist, den wir für die Verstädterung zahlen", schreibt er.

Ich dachte mir, daß die junge jüdische Frau und der christliche Mann, obschon sie in ihren Berufen blitzartig Spitzenpositionen erreicht hatten, ihren Glauben grundlegend verloren hatten.

Unvermindert bete ich, auf daß sie beide den Glauben wiederfinden würden, den Generationen ihrer Vorfahren so gut verankert hatten.

Nachdem ich den erwähnten Artikel gelesen hatte, erstaunte mich die Haltung eines dritten Menschen, den ich traf, nicht sonderlich. Er war ein weiterer „Baby-Boomer", ein 32jähriger Manager einer Hollywood-Filmgesellschaft. Er war nach New York gekommen, um Episoden aus meinem Buch *Die Kraft positiven Denkens* für eine VHS-Kassette zu verfilmen, die für Private, Geschäfte, Kirchen und Schulen bestimmt war.

Ich muß zugeben, daß ich ein wenig verblüfft war, als er mir in unserem ersten Gespräch sagte: „Nun denn, mir ist es lieber, wenn wir auf dieser Kassette das Wort ‚Gott' nicht verwenden; ersetzen wir es durch das Wort ‚gut'."

Als ich Bedenken äußerte, erklärte er folgendes: „Ich stamme von einer streng protestantischen Familie ab. Mein Großvater war sogar Pfarrer. Aber offengestanden, ich bin von diesem Gottes-Zeug abgekommen. Deshalb sollten wir den Zuschauer nicht mit etwas belasten, mit dem ich mich schwertue."

Nach jahrelangem Predigen von Gottes Wort, ließ ich es nicht zu, daß jemand den Namen Gottes durch ein simples

Eigenschaftswort ersetzte. Und wir fuhren fort, auf dieser Grundlage zu filmen.

Er nahm sich die Zeit, sich das zu überlegen, was wir machten, und die geschichtlichen Begriffe und das gegenwärtige Denken, mit dem er arbeitete, herauszufinden. Alsbald übermannte ihn unser Glaube, und dieser „ausgelaugte" Mensch (wie er sich selber nannte) verwandelte sich völlig.

In seiner Begeisterung entdeckte er einige Untersuchungen von Volksschullehrern, die herausgefunden hatten, daß fast alle Kinder mit einer gesunden Selbstachtung positiv eingestellt sind, wenn sie in den Kindergarten kommen. Doch nach der vierten Schulklasse haben 80 bis 85 Prozent dieser Kinder eine negative Einstellung und ihre Selbstachtung ist verloren.

Warum? Während dieser fünf Jahre haben sie „die Welt kennengelernt".

Die Kinder, von erbarmungslosem Negativem niedergeschmettert, vom erzwungenen Leistungsdruck verletzt, von unfairen Vergleichen abgesondert, waren am Boden zerstört. Die Lehrer waren auch der Meinung, daß die Teenager, die den Drogen, dem Alkohol, dem Schwänzen, der Gewalttätigkeit und dem Selbstmord erliegen, nicht einfach „schlechte" Kinder sind, sondern versuchen, eine mindere Selbstachtung zu kompensieren.

In diesem Sinne überzeugte der innerlich verjüngte Hollywood-Filmer den Gouverneur von West Virginia und dessen Erziehungsdirektor davon, im Kindergarten und in den ersten vier Schuljahren an der staatlichen Volksschule ein Programm des positiven Denkens einzuführen.

Dieses Projekt, das auf den Aufbau einer gesunden Selbstachtung der Kinder abzielt, war so erfolgreich, daß es auch von den Grundschulen Kentuckys übernommen wurde und für viele andere amerikanische Staaten vorgesehen ist.

Die Folge war, daß Mark Lambert, dieser hochbegabte junge Mann, der, wie er zuvor selbst gestand, „abgestellt" war, nun richtig „aufgestellt" war.

Seinetwegen und wegen anderer Menschen, die wie er sind, schreibe ich dieses Buch. Es ist nun einmal so: Ich liebe die Menschen und glaube an ihre unermeßlichen Möglichkeiten. Leider sind so viele schrecklich unglücklich. Das weiß ich nur allzugut; denn sie schreiben mir. Diese traurigen Briefe kommen von Hunderten von Menschen jeglichen Alters. Ohne Zweifel sind viele von ihnen kluge Köpfe, und bei einigen muß ich eingestehen, daß das Abgestelltsein gewisser Umstände wegen eine gesunde Reaktion war. Doch das Problem liegt darin, daß die meisten dieser Menschen für ihren verlorenen Glauben und für die ihnen abhanden gekommene Zuversicht keinen Ersatz gefunden haben, als sie am Boden waren. Viele haben es materiell geschafft, sind aber dennoch unglücklich, weil sie enttäuscht, unzufrieden und leer sind. Einige von ihnen sagen dazu: „Gibt's denn hier einen guten Gott? Gibt's überhaupt einen Gott?"

Viele dieser Menschen besitzen ein Diplom von erstklassigen Universitäten. Sie sind zu anerkannten Denkern, Philosophen und künftigen Genies der Geschäftswelt erklärt worden. Und doch sind sie unzufrieden und unglücklich.

Und das in den Vereinigten Staaten von Amerika, dem größten Land der Welt, dem Land mit dem vortrefflichsten Regierungs- und Wirtschaftssystem. Dennoch hört man in diesem Land der unbegrenzten Möglichkeiten immer wieder: „Zum Teufel damit!"

Als ich mich einem sehr gebildeten Bekannten gegenüber dagegen verwahrte, schüttelte er den Kopf. „Norman, die Welt kommt auf den Hund; keiner kann dagegen was machen – du nicht und ich ohnehin nicht." Auf eine solche Aussage reagiere ich wie ein Stier auf ein rotes Tuch. Wer bin ich denn, daß ich mir anmaße, *ich* könne etwas dagegen machen? Welche Berechtigung habe ich denn dazu?

Wer's nicht wissen sollte: In diesem herrlichen Land lebe ich seit 92 Jahren. Ich bin in einem schönen kleinen Dorf im südlichen Ohio geboren worden, in Cincinnati aufgewachsen und habe über 60 Jahre in New York City gelebt. Daher habe ich mit allen möglichen Amerikanern eine enge Beziehung gehabt. Für mich sind sie die Größten. Ich mag es daher nicht, wenn einige von ihnen Miesmacherei betreiben.

Da gibt es zum Beispiel diejenigen, die ihr ganzes Leben lang Kirchgänger waren; diejenigen, die geschäftlichen Erfolg hatten; diejenigen, die sich für Wohltätigkeit und andere gute Werke einsetzten. Und doch fühlen sie sich „leer". Was ist denn mit ihnen los?

Ein solcher Mensch war Jack Eckerd von *Clearwater* in Florida, der eine der erfolgreichsten Drogerieketten aufgebaut hatte. 1982 belieferten rund 1200 Eckerd-Drogerien Familien in 15 Staaten. Jack war ein zäher Kerl, der sein Geschäft mutig und entschlossen aufgebaut hatte.

Darüber hinaus hatte er in der Wohlfahrt Ausgezeichnetes geleistet. 1968 startete die „Jack-und-Ruth-Stiftung" ein therapeutisches Wildnis- und Camping-Programm für Kinder mit seelischen Problemen. Die Stiftung betrieb auch eine Ausbildungsstätte für Jugendliche. Überdies war Jack Präsident eines erfolgreichen Industrie-Rehabilitationsprogramms für Gefangene. Er stand unter Präsident Ford dem Versorgungsdienst vor und war in Florida ein bedeutender Politiker. Daneben nannte ihn die Nationale Konferenz der Christen und der Juden einen „außergewöhnlichen Mitbürger".

Warum hat denn ein inneres Stimmchen Jack bewogen, sich dauernd zu fragen: „Weshalb das Gefühl der Leere, Jack, wenn man bedenkt, was du alles besitzt und erreicht hast?"

„Ich versuchte, den Gedanken von mir zu weisen", erzählte er. „Er hat mich in den letzten Jahren verfolgt: ein Ausgelaugtsein, eine Lücke, die den Erfolg und das, was ich gegeben habe, nie ausgefüllt haben."

Lange Zeit war Jack Mitglied der Kirche. „In Gedanken war ich aber nie dabei", sagt er. „Ich saß in der Kirche und plante an einem Ort, den ich vergangene Woche gefunden hatte, einen Laden. Ich war wohl im Wasser, aber ich schwamm nicht."

Dann wurde Jack bei seinen Nachbarn zu einer Bibelstunde eingeladen; er ging eher aus Neugierde. „Aus irgendeinem Grunde ärgerte mich das Ganze, vor allem jene Autos, welche die Straße dorthin verstopften", gestand er. „Was sind denn das überhaupt für Menschen, fragte ich mich. Wahrscheinlich eine Horde von Deppen." Doch Jack war von der Bibelstunde gefesselt. „Während des Lesens der Bibel erzählten die Menschen viel von ihren persönlichen Problemen", erzählte er. „Als wir einen Teil der Heiligen Schrift lasen, sagten sie immer wieder, in welchem Maße sie sich auf ihre Schwierigkeiten bezog. Ihre Offenheit überraschte mich. Das stand im Gegensatz zu meiner Welt, in der viele von uns Fronten aufbauen. Wir ließen es nicht zu, daß der andere unsere wirklichen Gefühle erkannte – in der Meinung, er würde über uns die Oberhand bekommen. Aber diese Menschen waren ehrlich und offen. Das hat mir etwas gegeben. Immer mehr öffnete auch ich mich. Und als wir uns die Hände reichten und zusammen beteten, erlebte ich eine Gemeinschaft wie noch nie zuvor.

Dann lasen wir eines Morgens im 1. Korinther, Kapitel 13, Vers 3: ‚Und wenn ich alle meine Habe den Armen gäbe und ließe meinen Leib brennen und hätte der Liebe nicht, so wäre mir's nicht nütze.' Ich habe diese Worte schon früher gelesen, doch jetzt haben sie mich tief berührt. Sie sagten mir, daß es nicht darauf ankommt, wie sehr ich bedürftigen Kindern helfe, mich für das Gefängniswesen einsetze und für mein Land einstehe, ich bekam keine Liebe; alles war bedeutungslos.

Das hat mich dazu geführt, in mich zu gehen. Ich begann einen Menschen zu sehen, der dazu neigt, sich hinter einer Mauer zu verschanzen. Doch dieser Vers hatte in die Mauer eine Bresche geschlagen. Je mehr wir die Bibel lesen, desto größer wurde die Bresche. Denn es wurde immer deutlicher, daß ich jene Liebe erlangen mußte, von der Paulus spricht, wenn ich die Ganzheit, nach der ich strebte, erreichen wollte. Und um diese Liebe zu erlangen, mußte ich mich Jesus zuwenden. Das war ein harter Entscheid. Es fiel einem Menschen, der sein ganzes Leben lang gekämpft hatte, schwer, sich unterzuordnen; und noch härter war's, sich vom entscheidenden Menschen zum gebrochenen Menschen zu machen.

Als ich darüber nachsann, traf ich Chuck Colson, der Gefängnisgottesdienste leitete. Von Anbeginn mochte ich ihn; deshalb verübelte ich es ihm nicht, als er nach einem Jahr sagte: ‚Ich begreife euch Geschäftsleute, die ihr es gewohnt seid, gewichtige Entscheidungen zu treffen, einfach nicht. Dann kommt auf einmal die wichtigste Entscheidung, die ihr zu fällen habt, und ihr macht leere Ausflüchte. Du bist entschlossen. Was ist das Problem, Jack?'"

Jack Eckerd sagte, daß alles ‚darauf hinauslief, entweder weiterhin den Erfolgen nachzujagen und mit diesem Gefühl der Leere zu leben oder aus dem bisherigen Geleise herauszukommen und Jesus die Oberhand bekommen zu lassen'. „Ich gab nach. Er ließ mich nicht mehr los. Das Licht fiel nicht aus. Es gab kein Erdbeben. Zwar widerfuhr mir nichts so Gewaltiges, wie es Paulus auf seinem Weg nach Damaskus erlebte, aber ich begann einen tiefen inneren Frieden zu verspüren, den ich zuvor nicht gekannt hatte; und jene alte hohle Stelle in mir füllte sich wie ein ausgetrockneter Brunnen allmählich auf."

Von diesem Zeitpunkt an wurde Jack Eckerds Leben noch viel aufregender. Er merkte, daß er ein neues Einfühlungsvermögen und Mitgefühl für andere Menschen besaß, was sich in seiner zunehmenden Tätigkeit in den Bereichen von Gefangenschaftsreformen, Drogenbekämpfung und Schulungsprogrammen auswirkte. Er ordnete an, daß obszöne Zeitschriften aus den Eckerd-Läden entfernt wurden, und setzte sich in seiner Stiftung und anderen wohltätigen Institutionen noch mehr ein.

„Der althergebrachte Begriff *wie neu geboren* ist keine falsche Bezeichnung", sagte er. „Ich fühle mich wie ein neuer Mensch mit neuer Kraft und einem neuen Lebenswillen, der jeden Tag immer noch aufregender macht. Jetzt bin ich 77 Jahre alt, aber jedes Jahr ist noch besser. Das will nicht heißen, daß ich keine Probleme und ein paar Schmerzen habe. Natürlich habe ich das. Aber Er gibt mir die Kraft, das zu meistern."

In seinem Buch *Das größte aller Risiken* schreibt Walter Anderson, Redakteur beim Magazin *Parade,* sehr aufschlußreich: „Seien Sie vergewissert: Es ist nicht möglich, daß Menschen leere Gefäße sind. Keiner, der je gelebt hat, war ungläubig – egal, was er vorbringen mochte. Jeder glaubte an etwas. Das kann Gott sein oder auch nicht Gott, ausgeprägte Geldgier oder Machthunger, Karriere oder ein Freund, Wissenschaft oder ein Prinzip: *Etwas* ist es. Was immer wir unserem Leben voranstellen, ist das, dem wir uns zuwenden."

Eine Geschichte, die mir mein Freund Pater Joseph Kelly erzählte, dürfte in diesem Zusammenhang von Nutzen ein. Sie handelt von einem jungen Priester, der an seiner Berufung zu zweifeln begonnen hatte.

„An einem bitterkalten Winternachmittag begegnete er

einem kleinen Jungen: kein Zuhause, ausgemergelt, abge-
tragene Jacke, sein magerer Körper über einer Straßengit-
terschranke zusammengekauert, als er versuchte, die
Wärme des darunter liegenden U-Bahn-Tunnels aufzunehmen.

,Gott im Himmel!' rief der Priester starr vor Entsetzen
aus. Er schaute das vor Kälte zitternde Kind an. ,Gott',
fragte er, ,warum läßt Du so etwas zu? Warum machst Du
nichts dagegen? Ist Dir das völlig egal?'

Im Innern vernahm er zu seinem Erstaunen zum erstenmal die Stimme, von der er wußte, daß sie Gottes Stimme
war: ,Ich mache etwas dagegen', vernahm er, ,und ich habe
dagegen etwas unternommen: ich habe *dich* erschaffen.'

„*Wähle,* was du glaubst."

Wir müssen uns daran erinnern, daß unser weiser Gott
uns hierher gebracht hat, damit wir einem leidenden Kind
helfen. Wir sind Seine Hände, Seine Füße, Seine Stimme.
Und wir können wählen, ob wir das glauben oder nicht. So
etwas wie Unglaube gibt es nicht; denn wir glauben alle an
etwas. Entweder glauben wir an Liebe, Tugend und Hoffnung, oder wir glauben an Haß, Übel und Hoffnungslosigkeit.

Glückliche Menschen – meines Erachtens sind sie auch
intelligent – entscheiden sich für Liebe, Tugend und Hoffnung. Während der vielen Jahre in New York habe ich mehr
als nur eine Erfahrung mit beiden Arten von Menschen gemacht. Hier bin ich während der großen Wirtschaftskrise,
während des Zweiten Weltkrieges, der unruhigen sechziger
Jahre, des Vietnam-Kriegs, ja während der meisten beunru-

higenden Ereignisse des 20. Jahrhunderts meiner seelsor-
gerlichen Aufgabe nachgegangen.

Mir ist, als hätte ich mit Unmengen von „Baby-Boomern", ehemaligen Hippies und Yuppies der letzten Jahre
zu tun gehabt. So etwa mit Ben. Er ging immer in die Kirche – ausgerechnet er mit seinen langen Haaren, seinem bu-
schigen Bart, in seinen Jeans und Turnschuhen. Er ließ sich
herab, in der Kirche eine Jacke zu tragen, aber nie sah ich
ihn mit einer Krawatte. Vermutlich hat er nie gelernt, wie
man eine bindet. Er war von liebenswürdiger Wesensart
und immer engagiert. Aber mit seiner unablässigen Fragerei
neigte er dazu, zur Plage zu werden. „Heute morgen haben
Sie gesagt..." Und dann wollte er wissen, was gemeint war
und wie es dazu gekommen sei. Und so weiter.

Doch da ich einen regen Kopf und wirklich überlegende
Menschen seit eh und je bewundert habe, versuchte ich ge-
duldig, Bens Fragen zu beantworten. Er war offensichtlich
im Begriff zu lernen; doch meine Antworten führten zu
noch mehr Fragen, und Ben wurde sozusagen herausfor-
dernd.

Seine Fragen bezogen sich weitgehend auf seine Person,
auf sein Leben. Er war darüber besorgt, wie er sich bessern
und sich in der Welt mit Erfolg durchschlagen könnte. Ich
stellte mir vor, daß es sich hier um einen schöpferischen
Menschen handelte, der die fünf Dinge erlernen wollte, die
zu einem besseren Leben notwendig sind: *denken, lernen,
versuchen, arbeiten* und *glauben.* Trotzdem haßte ich Ben
beinahe, wenn er auf mich zukam.

Eines Tages mußte ich nach Allentown in Pennsylvania

fahren, wo ich an einem zentralen Verkaufsseminar eine Rede zu halten hatte. Etwa um 2 Uhr nachmittags verließ ich mein Büro, stieg in meinen Wagen ein, um nach Allentown zu fahren, und dachte mir, ich könnte unterwegs meine Rede durchdenken und ihr den letzten Schliff geben. Ich halte freie Reden und fummele nicht mit Notizen herum. Als ich mich hinter das Steuer setzte, hörte ich die wohlbekannte Stimme: „Hallo, Dr. Peale, warten Sie einen Augenblick!" Sie haben es erraten: Es war Ben, der seinen Kopf in den Wagen steckte und fragte, wohin ich führe.

Dann öffnete er unaufgefordert die Wagentür und plumpste auf den Sitz neben mir hin. „Was dagegen, wenn ich mitkomme?" fragte er munter. „Wir können ein gutes Gespräch führen."

Ich war nicht gerade das, was man begeistert nennen könnte, sagte aber: „O. k., Ben. Aber es gibt hier die grundsätzlichen Regeln, und du mußt versprechen, sie zu befolgen. Während der Fahrt muß ich über meine Rede nachdenken, und wir haben nur etwa 160 Kilometer vor uns. Wenn du auf der Fahrt dorthin schweigst, spreche ich auf dem Rückweg mit dir."

„Kein Problem", willigte er ein.

Ich muß sagen, daß er sich gut gehalten hat. Einige Male begann er zu sprechen, aber ich legte jeweils die Finger an die Lippen, worauf er verstummte. Doch als wir nach dem Meeting nach New York aufbrachen, begann er zu sprechen. Die meisten seiner Fragen drehten sich darum, wie er es im Leben zu etwas bringen könne. Ich war über seine geringen Fortschritte verwundert. „Ich habe alle Ihre Bücher gelesen und komme praktisch nirgends hin." So verlief unser Gespräch, als wir durch die mondhelle Nacht fuhren.

Schließlich kamen wir bei einem sehr netten Restaurant an. Ich sagte: „Ben, ich bin hungrig und du wahrscheinlich auch. Wie wär's, wenn wir hier anhielten und einen Hamburger, Pommes frites und eine gehörige Portion Apfelkuchen äßen?"

„Aber mit Vanillesoße", sagte er bereitwillig. Schon bald saßen wir am Tresen, wobei Ben unablässig nachdachte und sprach – und dabei lernte, wie es sich später herausstellen sollte.

Plötzlich knallte Ben seine Faust mit Gewalt auf die Theke, was die Teller hochspringen und klappern ließ, und brüllte: „Ich hab's, ich hab's!" Die anderen Gäste fuhren erschrocken auf und schauten zu uns herüber. „Was hast du?" rief ich aus.

„Ich hab' die Antwort!" sagte er laut. „Der Grund, weshalb ich nicht vorwärtskomme, bin ich. Ich allein."

„Mein guter Junge", sagte ich darauf, „ich wußte nicht, daß in einem Hamburger so viel Kraft steckt."

Später stand Ben auf einem Parkplatz im Mondlicht irgendwo in New Jersey neben dem Wagen und sagte mit einer für ihn neuen Stimme: „Norman [zuvor hatte er mich nie mit dem Vornamen angesprochen, sondern immer nur mit ,Dr. Peale'], ich will mich Gott anvertrauen. Ich will Jesus folgen. Geben Sie mir jetzt Ihren Segen, bitte?"

Von seiner Ehrlichkeit war ich zutiefst beeindruckt. Er neigte seinen Kopf, ich legte die Hand darauf und sagte: „Lieber Gott, nimm meinen Freund Ben in ein neues Leben neben Dir auf. Schenke Ben Frieden, Freude und Führung, und stärke ihn immerfort, jeden Tag. Im Namen unseres Herrn und Erlösers Jesus Christus. Amen."

Ben ergriff meine Hand mit festem Druck und sagte darauf: „Das werde ich nie vergessen."

Als wir nach Hause fuhren, wurde mir bewußt, daß ihm etwas Gewaltiges widerfahren war. Ich weiß nicht, wie oder warum. Es muß eine Verbindung von verschiedenen Dingen gewesen sein, unsere Gespräche, Argumente und sein Kampf um das Annehmen der Hilfe einbezogen. Auf jeden Fall gab es in diesem Augenblick eine Antwort auf seine Fragerei. Er wurde ein wirklich glaubender Mensch – glaubend nicht nur an Gott, sondern auch an sich selbst. In der Folge arbeitete er in seinem Beruf wie nie zuvor, setzte brachliegende Fähigkeiten ein, die er vorher nie richtig entwickelt hatte, und ging in ein krafterfülltes Leben ein. Bens derart lange Leere war gefüllt. Er war voller Freude und Engagement. Sicher kannte er Rückschläge und Sorgen, aber jetzt hatte er sie besiegt. Er heiratete, und seine Arbeitgeberfirma versetzte ihn meilenweit als Manager ihrer Geschäftsstelle in eine große Stadt. Auf diese Weise ist er aus meinem Leben verschwunden, nicht aber aus meinem Gedächtnis.

Er war ein Mann, der die fünf Grundsätze für ein erfolgreiches Leben befolgte. Dieselben fünf schöpferischen Prinzipien lassen sich anwenden, um in jeder Phase unseres Daseins gute Ergebnisse zu erzielen.

Denken Sie aber daran, daß diese Grundsätze auf dem festen Glauben an Gott beruhen müssen. Das ist logischer-

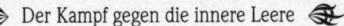

weise der Sinn des fünften Grundsatzes. Denn ohne diese Gewißheit werden die anderen vier Prinzipien gegenstandslos.

– Denken – Lernen – Versuchen – Arbeiten –
Glauben

Und ein erfolgreiches Leben führen!

PROBLEME ZUVERSICHTLICH ANPACKEN UND SCHÖPFERISCH LÖSEN

Der Schneesturm traf St. Louis an einem Märzmorgen. Der schon sterbend geglaubte Winter peitschte noch einmal in voller Wut das Land und schichtete knietiefen Schnee auf, während das Thermometer tiefer und tiefer sank. Ich hatte beabsichtigt, nach Kansas City und Wichita zu fliegen, doch waren alle Flugzeuge am Aufsteigen verhindert. So begab ich mich denn zum Unions-Bahnhof, um einen Missouri-Pacific-Zug zu nehmen. Mein Taxi glitt über die vereisten Straßen, und der schwere Schnee, der sich an der Scheibe ansetzte, behinderte die Sicht des Fahrers. „Ein schlimmer Morgen", grollte er.

Am Bahnhof brummte der Träger, der meine Koffer nahm: „Ein schlimmer Tag."

Unter den Perrondächern pfiff der Wind und seufzte wie eine verlorene Seele. Eis auf den Bahnsteigen machte das Gehen tückisch. Der Wind fegte uns Schnee ins Gesicht und in den Nacken. Jedermann, der da mürrisch dahinstapfte, vertraute jedermann an, daß es „ein ganz böser Morgen" sei.

Gerade im Begriff, meinen Wagen zu besteigen, hörte ich meinen Namen rufen und sah einen Mann daherkommen. Er winkte mir, zu warten. Er war ein kräftig gewachsener Bursche ohne Mantel und Hut. Sein Gesicht war von Kälte gerötet und sein ziemlich spärliches Haar von der Winterbrise zerzaust. Er lachte über das ganze Gesicht, als er dröhnend rief: „Hallo, Doktor, wie gefällt Ihnen das? Ist es nicht ein prächtig schlechter Morgen?"

Indem er mir einen Klaps auf den Rücken gab, schritt er zum vorderen Wagen und ließ in seinem Kielwasser das erste Lachen zurück, das ich an diesem Morgen gehört hatte. Auf meinem Sitz wiederholte ich seinen merkwürdigen Satz „Ein prächtig schlechter Morgen". Ich beschloß, herauszufinden, was diesen Mann antrieb, und begann ihn zu beobachten. Ich sah, wie er einige Leute mit Geschichten erfreute, die sie alle lachen machten. Dieser eine Mann polierte die Atmosphäre für jedermann auf.

Endlich gelang es mir, ihn von seiner Zuhörerschaft loszubekommen, und wir kamen ins Gespräch.

„Sagen Sie mir", begann ich, „woher haben Sie den Ausdruck ‚ein prächtig schlechter Morgen'?"

„Woher glauben Sie?" war seine rasche Antwort. „Sie sollten es wissen! Ich habe ihn indirekt von Gott."

„Fahren Sie fort …", drängte ich, „wie, warum, wann und wo?"

„Ich beanspruche für mich, der schlimmste negative Denker auf dieser Seite der Rocky Mountains gewesen zu sein, sozusagen Pessimist Nummer eins. Ich konnte im Detail erzählen, was alles mit dem Lande und mit der Welt und jedermann in ihr nicht in Ordnung war. Ich war erledigt vor lauter Problemen; sie quälten mich schrecklich. Ich war ein völlig unglücklicher Mensch."

„Was geschah dann?" fragte ich.

„Es ist kein Geheimnis dabei! Ich begann zu glauben, und mein Leben veränderte sich. Mein Sohn, der mich sehr liebte, obwohl ich ein saurer, alter Apfel war, begann mir von einem neuen Prediger in der Gemeinde zu erzählen. Kein Pfarrer hatte mich seit meiner Jugend begeistern können. Wir hatten zwar einige, die man gelten lassen durfte, doch hatte ich den Kirchgang längst aufgegeben. Mag sein, daß es mein eigener Fehler war. Vielleicht war ich unerreichbar. Ich weiß es nicht. Ich stellte jedoch fest, daß mein Sohn Fred diesem jungen Prediger verfallen war. Und es schien, als ob tatsächlich etwas über ihn gekommen sei; jedenfalls war er glücklicher als je zuvor. So ging ich denn eines Sonntags ebenfalls zur Kirche. Und mein Sohn hatte recht – dieser Prediger hatte etwas Besonderes. Er stand auf seiner Kanzel und sprach nicht im üblichen salbungsvollen Predigerton. Er sprach ganz normales, amerikanisches Englisch. Ich verstand, was er zu sagen hatte, und darüber verbreitete der Mann den Geist des Friedens.

Er war ein guter ‚Menschenfischer' obendrein, denn am nächsten Tag suchte er mich im Büro auf. Er gefiel mir. Ein paar Tage später rief ich ihn an und lud ihn zum Mittagessen ein. Er sprach nie ein Wort über Religion, doch heute weiß ich, wie man einen zähen Kunden behandelt! Nun, um eine lange Geschichte kurz zu machen, er führte mich zu Christus, und bevor ich mich's versah, war ich mitten in seinem Königreich."

Er schwieg und blickte mich mit einem Ausdruck an, der mir beinahe Tränen in die Augen trieb. Er befand sich tatsächlich im Königreich. Auch ich fühlte mich ihm näher durch den Einfluß dieses Mannes.

„Sehen Sie", fuhr er fort, „all der frühere Trübsinn schwand wie Schnee in der Frühlingssonne. Bevor dies alles geschah, wurde ich von meinem Problem völlig erdrückt. Oh, denken Sie nicht, daß ich nun keine Schwierigkeiten mehr hätte, doch irgendwie komme ich heute besser darüber hinweg als zuvor."

Von meinem Sitze aus sah ich hinaus in eine vollständig weiße Landschaft. Die Sonne kämpfte sich durch die Wolken, die im Begriffe waren, sich aufzulösen. Schneewehen deckten beinahe die Zäune zu, und jeder Pfosten trug eine hohe weiße Kappe. Blendendes Sonnenlicht spiegelte sich in Myriaden von Diamanten. Selbst der Zug rollte seltsam weich und ruhig durch die weißgepolsterte Prärie. Es war tatsächlich „ein prächtig schlechter Morgen".

In den darauffolgenden Tagen mußte ich des öfteren und vermehrt an die mächtige Kraft des Optimismus denken. Ich begann sogar eine eingehende Studie darüber, um die Methoden, mit denen man ihn pflegen könnte, zu ergründen. Darüber hinaus praktizierte ich ihn selbst bewußt und entdeckte erneut, daß eine regelmäßige, systematische Anwendung von Optimismus wichtig ist, um ihn fest im Bewußtsein zu verankern.

Optimismus ist erhelltes, positives Denken. Einige chronische Widersacher gegen alles, das nach Hoffnung schmeckt, haben das positive Denken als eine allzu rosige Betrachtung des Lebens und als eine ungebührliche Mißachtung von Schmerz und Schwierigkeit in dieser Welt verschrien. Manche Leute haben den Nachdruck, den ich auf die Kraft des positiven Denkens legte, wie ich glaube, absichtlich verzerrt. Andere haben mich einfach mißverstanden.

Der positive Mensch ist ein unbeirrbarer und tatkräftiger Realist. Er sieht *alle* Schwierigkeiten, und was noch wichtiger ist, er sieht sie klar. Das ist weit mehr, als man von einem durchschnittlichen, negativen Menschen sagen kann. Letzterer sieht unfehlbar alles in düsterer Verfärbung. Der positive Mensch hingegen erlaubt Schwierigkeiten und Problemen nicht, ihn niederzudrücken, und erst recht nicht, ihn zu besiegen. Er blickt erwartungsvoll über alle Schwierigkeiten hinaus auf schöpferische Lösungen. Mit anderen Worten, er sieht mehr als Schwierigkeiten – er versucht die Lösungen für diese Schwierigkeiten zu sehen.

Der positive Mensch hat eine tiefere und eindringlichere Einsicht. Er ist völlig objektiv. Er hat feste Ziele. Er hält das NEIN niemals für eine Antwort. Kurz gesagt, er ist unbezähmbar und nicht von der Art, die widerspruchslos Prügel empfängt. Er hört nicht auf, zu kämpfen, zu denken, zu beten, zu arbeiten und zu glauben. Und es ist erstaunlich, wie der positive Mensch oft aus den schwierigsten und scheinbar hoffnungslosesten Situationen mit positiven Ergebnissen herauskommt. Selbst wenn er es aber nicht tut, so hat er die Genugtuung, daß er eine ehrliche Anstrengung gemacht hat, die auch etwas bedeutet, etwas sehr Wesentliches sogar. Und vielleicht hat der positive Mensch, der sein Ziel nicht erreichte, etwas anderes gewonnen, das noch wertvoller ist: seine eigene Menschlichkeit – seine eigene Seele.

So beschloß ich, dieses Kapitel über die Hoffnungsfreude zu schreiben. Wahrlich, dieses Kapitel ist das, was uns der Doktor verordnete! Ein besorgter Arzt sagte einmal zu mir: „Wenn Sie zur allgemeinen Gesundheit des Volkes beitragen wollen, schlage ich vor, Sie sprechen und schreiben des öftern über die Notwendigkeit von Hoffnung, Optimismus und froher Erwartung. Geben Sie den Leuten Auftrieb ins Gemüt."

Er erklärte, wie wichtig ein glücklicher und optimistischer Geist für die Heilung ist, ja er ging so weit, zu sagen, daß Pessimismus den natürlichen Heilungsprozeß in einem Patienten um zehn Prozent vermindere. Ich fragte ihn, wieso er einen bestimmten Prozentsatz festlegen könne, und fand ihn etwas vage in seiner Antwort. Doch der Grundgedanke ist jedenfalls, daß ein mit Optimismus erfüllter Geist die natürlichen, regenerierenden Kräfte anregt und stärkt.

Ein anderer Arzt sagte, indem er auf seine vierzigjährige Praxis zurückblickte, daß viele Patienten es nicht nötig gehabt hätten, ihn zu besuchen, wenn sie nur etwas Optimismus, Glaube und Frohmut praktiziert hätten. Wörtlich: „Ganz abgesehen von Medikamenten kann ich sie gesund machen und gesund halten, wenn es mir gelingt, sie täglich für zehn Minuten geistig zu erheben in eine Sphäre der Freude und Zuversicht – was so viel wie unverwässerten Optimismus bedeutet.

Deshalb ist auch medizinisch gesehen der Optimismus von Wichtigkeit.

Wieder und wieder wird in der Bibel auf Frohmut, Optimismus und Glaube hingewiesen. „Solches rede ich zu euch", sprach Jesus, „auf daß meine Freude in euch bleibt und euere Freude vollkommen werde" (Joh. 15:11).

Darum nehmt Optimismus als Medizin für Körper, Geist und Seele. Optimismus gründet sich auf Glauben, Hoffnung und Erwartung. Im bloßen Akt des Hoffens liegt schon ein therapeutischer Wert. Die Bibel erkennt das ebenfalls in einer bewegenden Textstelle: „Was betrübst du dich, meine Seele, und bist so unruhig in mir? Harre auf Gott! Denn ich werde ihm noch danken, daß er meines Angesichts Hilfe und mein Gott ist" (Psalm 42:12).

Wer Hoffnung und Erwartung in Gott setzt, dem wird er als Gesundheit und Vitalität im Gesicht stehen. Auf diese Weise ergibt sich für den unbeirrbaren Optimisten die Fähigkeit, überall noch eine Möglichkeit zu finden, wie düster es auch aussehen mag. In der Tat schauen die meisten von uns nicht nach Möglichkeiten aus. Durch eine unglückliche Veranlagung der menschlichen Natur sind wir eher geneigt, nach Schwierigkeiten zu suchen statt nach Möglichkeiten. Dies mag wohl auch die Ursache sein, warum Schwierigkeiten in unserem Leben so oft über die Möglichkeiten triumphieren.

Ich kannte einen Mann, der sich selbst als einen „Möglichkeitler" bezeichnete – womit er meinte, daß er die Möglichkeiten eher sehe als die Unmöglichkeiten. „Nun ... sehen wir einmal, was für Möglichkeiten noch in dieser Situation vorhanden sind", würde er mit gedehntem Tonfall sagen, während andere mit trübem Gesicht herumsäßen. Es

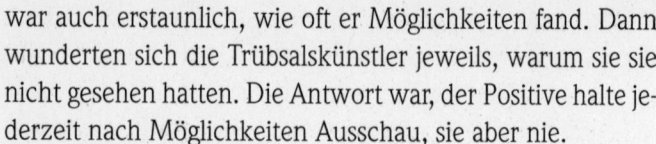

war auch erstaunlich, wie oft er Möglichkeiten fand. Dann wunderten sich die Trübsalskünstler jeweils, warum sie sie nicht gesehen hatten. Die Antwort war, der Positive halte jederzeit nach Möglichkeiten Ausschau, sie aber nie.

Gewöhnlich findet man ungefähr das, wonach man wirklich aus ist.

Dieser Mann war unerschrocken und weise. Man konnte ihn mit Problemen einfach nicht beeindrucken, ganz gleich, wie hoch man sie auftürmte. Man bekam fast den Eindruck, daß er Probleme aller Art direkt schätzte, daß ein Leben ohne Schwierigkeiten ihm eher langweilig vorkomme. Er schien nie mehr erfreut zu sein, als wenn er ein schwieriges Problem in Angriff nehmen konnte. Er genoß es richtig! Die Bekanntschaft mit ihm war eines der eindrücklichsten Erlebnisse meines Lebens.

Ich erinnere mich an eine Zeit, da mich ein Problem wirklich blockierte. Ich konnte keinen Hoffnungsschimmer mehr sehen, und, glauben Sie mir, ich war entmutigt. So ging ich denn hin und sprach mich mit ihm aus.

Er sagte: „Gut, mein Sohn, wir wollen dein Problem hier vor uns auf den Tisch legen. Dann wollen wir im Geiste daran herumgehen und sehen, was wir entdecken." Darauf schritt er um den Tisch, mit dem Finger stoßend, als steche er das Problem von allen Seiten an. Er hatte an den Fingern Arthritis, und das Gelenk seines rechten Zeigefingers war merklich geschwollen. Der Finger selbst war gekrümmt, doch hatte ich den Eindruck, in seinem verbogenen Finger stecke mehr Kraft als in den gesunden Fingern anderer Leute.

„Ich habe noch nie ein Problem gesehen, das nicht irgendwo einen schwachen Punkt gehabt hätte, wenn man nur lange genug bohrt", murmelte er.

Jetzt fand er den „schwachen" Punkt und begann ihn zu zerzausen. „Hier ist es, mein Sohn. Wir haben, denke ich, den schwachen Punkt in deinem Problem gefunden. Wir wollen es nun aufbrechen und nachsehen, was wir mit ihm tun können." Und er tat eine ganze Menge damit!

Selbst ihm kamen die Antworten nicht immer leicht, aber die Hauptsache ist, daß sie kamen. Glaub mir, ich lernte viel von meinem guten Freund, und die Hauptsache, die ich lernte, war, daß es immer Möglichkeiten gibt, wo überhaupt keine zu sein scheinen. Das ist's, was den unbeirrbaren Optimisten ausmacht. Nur nicht aufgeben, bis der schwache Punkt gefunden ist!

Manchmal bedauere ich die jungen Leute in unseren glanzlosen Tagen und Zeiten. Ich wuchs auf, als es noch in der amerikanischen Tradition lag, an grenzenlosen Fortschritt zu glauben. Damals gab es dynamische Hoffnung auf die Zukunft. Wir glaubten, sie liege offen vor uns. Heute scheinen junge Menschen mit dem Gedanken vertraut zu sein, die Welt sei in einen hoffnungslosen Zustand geraten und wir könnten glücklich sein, überhaupt zu überleben. Dies ist auch die düstere, „aufklärbare" Haltung eines Großteils der sogenannten Gelehrten. Zum mindestens erhalte ich diesen Eindruck von einigen traurigen Intellektuellen. Um ein Gelehrter zu sein, scheint es zu genügen, einen sauren Gesichtsausdruck zu zeigen und eine düstere Haltung zur Schau zu stellen.

Eines Tages traf ich in San Francisco, als ich die California Street auf dem Nob Hill entlangging, einen Intellektuellen. Er hatte einen düster gelangweilten Blick, und er sagte in einem Ton, der ihn Lügen strafte: „Ich freue mich, Sie zu treffen."

Ich bat Gott, mir zu vergeben, und sagte, ich sei ebenfalls erfreut, ihn zu treffen.

„Sie sind also der überglückliche Bursche, der im Lande herumrennt und über das kluge, zufällige positive Denken redet, nicht wahr?" fragte er unhöflich.

„Gewiß", sagte ich, „haben Sie recht in einem Teil Ihrer Annahme und unrichtig im anderen. Ich renne im Lande umher, und ich spreche über das positive Denken, welches sicherlich klug ist, nicht aber zufällig. Außerdem ist positives Denken etwas für Männer, und ...", fügte ich boshafter als nötig bei, „deshalb verstehen es einige Leute nicht."

Der sogenannte Gelehrtenblick vertiefte sich, und er sagte: „Wissen Sie denn nicht, daß die Welt voller Probleme und Schwierigkeiten ist?"

„Ich weiß, sie ist voll von Schwierigkeiten, und ich bin mir der vielen Probleme bewußt. Glauben Sie, ich sei von gestern? Ich könnte Ihnen etwas von Problemen erzählen, über die Sie in Ihrer schmerzvollen Abkehr von der Welt nie etwas gehört haben. Ich anerkenne die Probleme. Doch, Gott sei Dank, die Welt ist auch voll von Überwindung der Schwierigkeiten und voll von gelösten Problemen."

Darauf fand er kleine Erwiderung, und er ging die Straße hinab, indem er den Kopf schüttelte. Dieser Mann hatte sich die erzürnte und gelangweilte Lebensbetrachtung zu eigen

gemacht, die anscheinend unter den Verwirrten Mode geworden ist. Zweifellos ist er ein ganz netter Kerl, wenn er
nur die unverdauliche und cholerische Haltung abschütteln
würde, die er der Welt gegenüber zeigt. Gewiß ist das Leben voller Schwierigkeiten und Probleme; es ist aber auch
voller Überwindung der Schwierigkeiten, und wenn wir
nicht überwinden, wohin kommen wir? Es gibt in diesem
Leben wohl nichts Besseres als das Überwinden von
Schwierigkeiten und nichts Spannenderes als das Zerlegen
eines zähen Problems und das richtige Zusammensetzen.
Das kann alles getan werden, kann sogar vergnügt getan
werden, wenn das Gemüt durch den richtigen Optimismus
und Glauben daraufhin vorbereitet ist und in positive Erwartung versetzt wird. Du kannst dein Gemüt so beeinflussen, daß es von dieser unbeirrbaren positiven Kraft durchdrungen wird, indem du die Erkenntnisse, die in diesem
Buche beschrieben sind, anwendest.

Um Optimismus wirksam zu machen, muß ein Zustand
der inneren Harmonie erreicht werden. Das Individuum,
das in sich selbst und mit anderen in Harmonie lebt, ist gesund und kann wirken. Wer nicht in Harmonie lebt, ist im
selben Grade wirkungslos. In dem Maße, wie Spannungen
reduziert oder besser eliminiert werden, wird sich eine harmonische Wirkungskraft im Denken und in der Leistung zu
zeigen beginnen.

Ich sprach einmal zu einer Versammlung von Maschi-
nenfabrikanten. Einer von ihnen erzählte mir, daß ein
grundlegender Faktor in der Herstellung einer gut funktio-
nierenden Maschine darin liegt, den Grad der Beanspru-

chung so zu verringern, daß es den Einzelteilen möglich ist, harmonisch zusammenzuarbeiten", sagte er, „dann scheint sie wirklich vor Freude zu singen. Dann ist ihr Leistungsquotient hoch."

Wenn dies bei einer Maschine zutrifft, so ist es sicher bei einem menschlichen Wesen nicht weniger der Fall. Wenn du von Konflikten und Zweifeln beherrscht bist, kann deine Persönlichkeit, die als Arbeitseinheit aus Körper, Gemüt und Seele gedacht ist, nicht wirkungsvoll funktionieren. Das Korrektiv der Harmonie wird darum dringend benötigt.

Ein Trainer für Baseball-Clubs und Tennisinstruktor erzählte mir, wie er immer die Bedeutung von Freude und Harmonie für Meisterschaftsathleten hervorhebt. Er hatte eine Schülerin, die technisch eine der besten Tennisspielerinnen war, die er je trainiert hatte, aber nur vom Standpunkt der Technik aus gesehen. Daneben aber war kein ausgeglichener, harmonischer Fluß im Spiel des Mädchens. Trotz technischer Perfektion konnten sich ihre Leistungen nicht mit denjenigen der Spitzenkönner messen. Eines Tages blieb er am Netz stehen und fragte sie überraschend: „Kennen Sie den Walzer ‚An der schönen blauen Donau' genügend gut, um ihn mit mir zu summen?" Sie war überrascht, sagte aber, sie könne es. „Gut, dann möchte ich, daß Sie, während wir spielen, Ihre Schläge im Takt mit der Melodie dieses Walzers wechseln", antwortete er.

Sie hielt dies für eine etwas seltsame Anweisung, befolgte sie aber. Sobald sie in den Takt der Melodie kam, staunte sie, wie ihre Schläge in zunehmendem Maße an Grazie, Schwung und Harmonie gewannen. Nach der Lektion kam sie mit glutrotem Gesicht zu ihm: „Bisher habe ich nie die Fröhlichkeit und Kraft dieses Spieles empfunden. Heute erlebte ich zum ersten Mal seinen frohen Rhythmus." In der Folge wurde sie eine Spitzenspielerin; sie entwickelte den wahren Fluß der Harmonie.

Tatsächlich ist das Spiel des Lebens wenig anders. Wenn du dagegen ankämpfst oder gegen deinen Beruf angehst, so befindest du dich unter Spannung und entwickelst Widerstand, ganz einfach, weil du dich nicht in Harmonie befindest. Dein Optimismus geht dadurch zurück. Doch wenn dein Geist voller Frohmut ist, wenn du dich über alles, was du tust, freust und es gerne tust – sei es Gemüse verkaufen, Bücher schreiben, Kinder aufziehen, Jurisprudenz oder Medizin praktizieren oder zur Schule gehen –, wenn du darüber voller Freude bist, dann intensivierst du deine Harmonie, und es erfolgt ein positiver Einfluß auf dein Denken, auf dein Leben und Schaffen, der alles verändert und Genuß bringt. Das Resultat? Du gewinnst an Tatkraft und Einfluß. Darum beginne mit der Entwicklung von beidem, der inneren und äußeren Harmonie, denn solange du mit dir selbst oder mit anderen uneins bist, kann deine Persönlichkeit nicht positiv wirken.

Es ist mir bewußt, daß meine Betonung des Optimismus für manche Leute schwer zu verstehen ist. Ja, es gibt Leute, die es anscheinend nicht ertragen können, daß irgend etwas gutgeht. Sie ärgern sich geradezu über jedes hoffnungsvolle Anzeichen. Wenn die Dinge nicht im argen lägen, hätten sie nämlich nichts, um darüber traurig und schmerzerfüllt zu sein.

Möglicherweise liegt der Grund für diese feindliche Hal-

tung gegen Glück und Erfolg bei einigen Leuten in der un-
bewußten Erkenntnis, daß mit ihnen selbst einiges nicht so
zum besten steht. Daraus folgt, in verkehrter Logik, daß es
auch niemand anderem, oder sogar der Gesellschaft, besser
gehen dürfte. Natürlich bestreiten sie dies und verbergen
ihre neurotische Lust am Mißerfolg hinter einer Flut huma-
nitärer und sozialer Besorgnis, in Worten, von denen sie annehmen, sie seien sehr „gebildet" und gehaltvoll!

Man kann übrigens sicher darauf zählen: Je gelehrter der
düstere Negativismus sich ausdrückt, um so deutlicher läßt
sich ableiten, daß dieser Pessimismus in tiefverwurzelter, innerer Enttäuschung und dem Gefühl des Versagens gründet.
Man muß nicht Psychologe sein, um die durchsichtig klare
Tatsache zu erkennen, die hinter einigen unserer ultra-
gescheiten Miesmachern steckt.

Das geistige Schlamassel dieses Denkens wurde von Dr.
Henry Wriston, dem ehemaligen Rektor der Brown-Univer-
sität, als Selbstkasteiung bezeichnet. In einem Artikel im
„Think"-Magazin schrieb er: „Wir finden Gefallen daran,
uns selbst zu züchtigen. Mich ekelt das an. Unser Motto
scheint zu lauten: Alles, was wir tun können, kann auch
noch schlechter getan werden."

Wie recht hat Dr. Wriston! Natürlich ist nicht alles Gold,
was glänzt. Doch wer behauptet denn das? Und ebensowe-
nig geht alles notwendigerweise in Scherben. Die Wahrheit
liegt irgendwo zwischen diesen Extremen. Wir würden gut
daran tun, an Fortschritt zu glauben und dafür zu beten,
sonst besteht die Gefahr, daß wir genau so tief sinken, wie
einige der trüben Unglücksraben es erhoffen.

Unlängst begegnete ich in einem Flugzeug einem Mann, der im üblichen Jargon jene pessimistische Meinung ausdrückte, die man heute so oft antreffen kann.

Die Art und Weise, wie er seine Ansicht vorbrachte, hatte keinen Funken Charme. Borstig in seiner Aggressivität, die an Feindseligkeit gegenüber der ganzen Welt grenzte, wollte er wissen, „wo zum Teufel" ich dieses positive Denken herhätte. Wüßte ich denn nicht, daß die Welt in einer schrecklichen Wirrnis lag? Was also meinte ich mit positivem Denken?! ... et cetera ad infinitum.

Als er endlich aufhörte, weil ihm der Wortschatz aus Allgemeinplätzen ausgegangen war, behauptete ich, daß ich meine Philosophie nicht in der Hölle aufgelesen habe, wie er zu glauben schien, und daß ich sie jederzeit und überall seinem zerstörerischen Pessimismus entgegenstellen wolle. So – was meine er dazu?

So bezogen wir denn unsere Positionen ohne Hemmungen, wobei wir uns gegenseitig freundlich angrinsten. Ich sagte ihm, ich hätte als positiver Denker mehr ehrlichen Mut als er, der negative Denker, denn der positive Denker wirft einen geraden, festen Blick auf die Schattenseite, läßt sich davon aber nicht überwältigen. Er jammert nicht und gibt nicht auf, sondern beginnt mit Gottes Hilfe etwas gegen die Probleme dieser Welt zu unternehmen. Ich fragte ihn, warum er nicht auch auf diese Linie einschwenken und mehr als nur ein lauter, aber wenig überzeugender Schwätzer sein wolle.

Ich schlug ihm vor, daß wir uns zusammen diese schwierigen Probleme ansähen, und las ihm aus einem Leitartikel des „Church Herald" vor. Dieser Artikel war nach meiner Meinung ein wahrhaft christliches Bekenntnis, das den Tatsachen in die Augen sah und nicht durch sie beschämt oder verängstigt wurde. Der wahre christliche Geist ist wahrscheinlich der stärkste Geist der Welt. Er sieht die Dinge genau so, wie sie sind, aber er läßt es dabei nicht bewenden. Er sieht die Dinge auch so, wie sie mit Gottes Gnade und unserer tatkräftigen Hilfe *werden* können.

Lasse mich etwas aus dem Artikel, den ich meinem mit Problemen überladenen Reisegefährten vorlas, zitieren:

„Wir sind Zeugen vieler Anzeichen für den schwindenden Einfluß des Christentums in der Welt. Die vorherrschende Philosophie in der höheren Erziehung ist der Naturalismus, welcher ebenso atheistisch ist wie der atheistische Kommunismus. Die Bibel wird langsam aus den Schulen verdrängt. Unsere Kriminalität steht auf Rekordhöhe. Unchristliche Moral schreit uns von jedem Kiosk entgegen. Die meisten ‚Bestseller' in Büchern und Magazinen sind unchristlich, wenn nicht antichristlich in Inhalt und Moral. Aufgrund des Lebens, das sie und das Fernsehen darstellen, würde man nie vermuten, daß mehr als fünfzig Prozent der Bevölkerung der Vereinigten Staaten mit einer der christlichen Konfessionen verbunden sind. Die Verehrung des Materialismus, selbst während wir mit unseren Lippen das Bekenntnis zu Gott aussprechen, scheint überall im Wachsen begriffen zu sein. Moralische Maßstäbe gleiten ab auf einen Stand, wie er vor dem Erscheinen Jesu Christi in dieser Welt herrschte. Allzuviel in unserem Leben spielt sich so ab, als hätte ER nie unter uns geweilt, wäre nie für uns gestorben und auferstanden.

Die Bürger der Vereinigten Staaten geben mehr Geld aus für Alkohol als für Erziehung. Aus unseren Kindern werden mehr Barkeeper als Verkünder des Evangeliums. Die große Mehrheit der sogenannten Christenheit geht selten, wenn überhaupt, zur Kirche und lebt praktisch ohne Gott. Viele von ihnen scheinen mehr interessiert an Sex-Appeal als an einem gottesfürchtigen Leben. Hurerei wird Spaß geheißen, und bloße Sinneslust wird als Liebe bezeichnet. Kein Wunder, daß wir zerstörte Familien haben und eine steigende Jugendkriminalität. Wir haben, nach den Worten Jeremias', zwei Sünden begangen: Wir haben Gott verlassen, die Quelle allen Lebens, und brüchige Zisternen geschaffen, die kein Wasser halten können. Es ist eine Zeit, wie sie Jesus mit den Worten voraussagte: ,Weil die Bosheit sich vervielfacht, wird der Menschen Liebe erkalten.' Wir bekennen uns zwar zu Jesus Christus als unserem Herrn, doch SEIN Wille ist weit weg von einer Welt, die sich in Aufruhr gegen Gott befindet.

Sein Evangelium, von Anfang an verleugnet und bekämpft, steht wahrscheinlich einer größeren, heimtückischeren, eingefleischteren und dämonischeren Opposition gegenüber denn je in seiner Geschichte.

Dieses Bild sieht vielleicht wie reiner Pessimismus aus, doch diese Tatsachen können nicht wegdiskutiert werden. Wir tun gut daran, die Dinge in ihrer wahren Gestalt zu sehen, in ihrer wirklichen Perspektive, denn nichts ist gefährlicher als Illusionen. Doch selbst wenn nur dreihundert von uns übriggeblieben wären, sollten wir uns dessen bewußt werden. Dies zu realisieren mag uns helfen, unser Vertrauen in gewisse Zaubertricks aufzugeben, unsere Hoffnung in Gott allein zu setzen und nicht von Menschen und ihren Methoden abzuhängen, sondern von Gott allein und seinem Evangelium. Auch von unserer heutigen Situation würde Jesus sicherlich sagen, daß das, was unmöglich ist für Menschen, möglich sei für Gott.

Wenn sich unsere Zeit auch in gewisser Weise in der Dekadenz und im Niedergang befindet, so ist sie trotzdem auch eine Zeit der großen Gelegenheiten. Gott ist doch stärker als Satan. ‚Siehe, des HERRN Hand ist nicht behindert, daß er nicht retten kann, noch SEIN Ohr taub, daß er nicht hören kann.‘ Wir vermögen den Sieg heute noch nicht zu sehen, aber wir können arbeiten und kämpfen, beten und hoffen, denn wir glauben an Jesus Christus.“

So schloß der Leitartikel, der gewiß eine deutliche Sprache führte.

Während wir mit ungefähr 750 Kilometern in der Stunde durch den Himmel brausten und über diese Worte nachdachten, bemerkte mein Sitznachbar: „Gut, wenn die Kirche nur einige dieser fähigen Männer des Glaubens besitzt, wie sie der Leitartikel darstellt, dann kann es sein, daß ich falsch verbunden bin. Ich will versuchen, für den Gedanken einzustehen, daß es eine Antwort gibt auf das Schlamassel, in dem wir uns befinden. Wir wollen versuchen, etwas Rechtes aus dieser lausigen Welt zu machen.“

Er sprach jetzt mit innerer Bewegung, und wenn er wirklich auf diese Art zu denken beginnt, wird er bald herausfinden, daß ein optimistischer, unerschütterlicher

Glaube schöpferische Resultate erzeugt, gleichgültig wie schwierig die Lage auch sein mag.

Die Tatsache, daß das Leben oft hart und mit Problemen gespickt ist, setzt weder den Wert der hoffnungsvollen Zuversicht herab noch den des schöpferischen Angriffs. Wenn alles klar und glücklich wäre, so wäre auch die tiefe Freude am Bessermachen geringer, denn sie gehörte dann lediglich zu den Gemeinplätzen. Des Lebens tiefster Sinn wird in den scharfen Gegensätzen zwischen Freude und Schmerz gefunden. Deshalb schließen wir nicht die Augen vor Leid und Schwierigkeiten, wenn wir auf eine Haltung dringen, die uns hilft, Probleme zu überwinden; im Gegenteil, wir empfehlen einfach die Suche nach dem Schöpferischen innerhalb der Grenzen unserer Sorgen und Probleme.

Die sonderbare Meinung scheint vorzuherrschen, daß harte, schwierige Probleme jede Hoffnungsfreude ausschließen, ja daß allein deshalb, weil wir Schwierigkeiten haben, eine pessimistische Haltung angebracht sei.

Tatsächlich kommt diese Meinung in Hunderten von Briefen, die ich von meinen Lesern erhalte, zum Ausdruck. Ich realisiere natürlich nur zu gut, daß Probleme oft unangenehm und verzwickt sein können. Sie tragen zu den Schwierigkeiten des Lebens bei, darüber besteht kein Zweifel. Doch daß ihre Existenz und Gegenwart unseren Optimismus beeinträchtigen muß, folgt daraus noch lange nicht. In der Tat würde das Fehlen von Problemen anzeigen, daß die schlimmste Form von Pessimismus erreicht wäre, denn *keine* Probleme würden buchstäblich auch kein Leben bedeuten. Und nur durch das Leben wird ein schöpferisches Vollbringen möglich.

Lasse mich auch diesen Punkt erläutern. Unlängst schritt ich die Fith Avenue in New York entlang, als ich einen Freund namens George traf. Es war ziemlich offensichtlich, daß er sich nicht in einem besonders glücklichen Zustand befand. Er trug den trostlosesten und jammervollsten Ausdruck zur Schau, was mein natürliches Mitgefühl erregte. Ich fragte ihn: „Wie geht es dir, George?"

Dies war natürlich mehr eine Routinefrage, doch George nahm sie ernst und begann, mich genauestens in jede Einzelheit einzuweihen und mir zu erklären, wie schlecht es ihm gehe. Fünfzehn Minuten später sprach er immer noch, obschon ich schon längst davon überzeugt war, daß er sich einfach in einem verzweifelten Gemütszustand, mit allen dazugehörenden üblen Gefühlen, befand.

„George", sagte ich, „es tut mir leid für dich, daß du deine Situation so düster siehst und dich so mißlich fühlst." (Übrigens gehen diese Art von Sehen und Fühlen stets wie siamesische Zwillinge zusammen.) „Ich möchte dir gerne behilflich sein. Ich stehe gewiß zu dir und will tun für dich, was immer ich kann."

„Wenn du mich nur von diesem Durcheinander von Problemen befreien könntest, die mein Leben so erbärmlich machen. Probleme und noch mehr Probleme – das ist alles, was ich noch habe, und sie machen mich ganz krank. Ich habe die Probleme satt bis obenhinaus." Er warf die Hände hoch in einer Geste der Hilflosigkeit und Verzweiflung.

„Gut, George", sagte ich. „Ich glaube, dir helfen zu können, zum mindestens mit einem Gedanken. Ich war vor einigen Tagen an einem Ort, nicht weit von hier, wo es hunderttausend Leute gibt, von denen nicht ein einziger an einem Problem leidet."

„Mensch, das ist für mich das Richtige", erwiderte George mit einem ersten Schimmer von Optimismus. „Wo ist der Ort? Führe mich hin!"

„Nun, wenn du es wirklich wissen willst", sage ich, „es ist der Waldfriedhof in Bronx. Dort gibt es keine Probleme – überhaupt keine. Die Schwierigkeit dort ist nur, daß jedermann tot ist. Darum, George", fuhr ich fort, „sei nicht zu traurig, daß du diese Probleme hast, denn sie sind in der Tat ein Zeichen des Lebens. Sie beweisen, daß du nicht tot bist."

Daraus folgt die Tatsache, daß die Person, die fünfzig Probleme hat, doppelt so lebendig ist wie das Individuum, das nur fünfundzwanzig hat. Und wenn du durch einen merkwürdigen Zufall überhaupt kein Problem hast, so tust du gut, Gott zu fragen: „Herr, was ist geschehen? Vertraust du mir nicht mehr? Bitte gib mir einige Probleme." –

Darum sei recht glücklich – ja, wahrhaft glücklich, daß du Probleme hast. Sei auch dankbar dafür, denn sie bedeuten, daß Gott Vertrauen in deine Fähigkeiten hat, diese Probleme, mit denen ER dich betraute, zu überwinden. Nimm stets *diese* Haltung gegenüber deinen Problemen ein, und deine Niedergeschlagenheit, die du durch negative Reaktionen entwickelt hast, wird verschwinden. Wenn du die Gewohnheit entwickelst, zuversichtlich über deine Probleme zu denken, wirst du viel besser mit ihnen fertig.

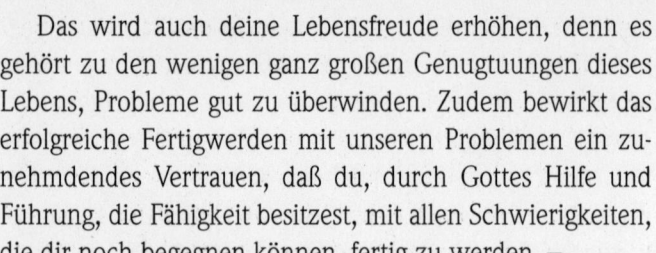

Das wird auch deine Lebensfreude erhöhen, denn es gehört zu den wenigen ganz großen Genugtuungen dieses Lebens, Probleme gut zu überwinden. Zudem bewirkt das erfolgreiche Fertigwerden mit unseren Problemen ein zunehmdendes Vertrauen, daß du, durch Gottes Hilfe und Führung, die Fähigkeit besitzest, mit allen Schwierigkeiten, die dir noch begegnen können, fertig zu werden. –

Wie traurig ist doch die Meinung, die in den letzten Jahren aufkam und die besagt, daß menschlicher Fortschritt dadurch erzielt werde, indem man die Leute von ihren Problemen befreit, anstatt ihr Selbstvertrauen zu stärken und ihnen zu ermöglichen, allein mit ihren Problemen fertig zu werden. Solche Weichherzigkeit hört sich zwar gut an, wenn man darüber von der Kanzel jammert oder in politischen Reden vor den Wahlen; doch bleibt die Tatsache bestehen, daß man den Leuten niemals wirklich hilft oder sie aufrichtig liebt, wenn man sie nicht dazu führt, Stärke und Fertigkeit zu erlangen, um selbst für sich zu sorgen. Nur wenn es sich zeigt, daß dies gänzlich unmöglich ist, sollte ihnen von anderen geholfen werden, aber nur dann!

Immer noch hält sich die Idee unter den allzu Weichherzigen, daß Probleme schreckliche Dinge sind und daß die Welt von ihnen befreit werden sollte. Man fragt sich, ob die Politiker diesen Mechanismus nicht lediglich als geeignetes Mittel zum Stimmenfang betrachten, ist doch das Sammeln von Stimmen meist ihr Lebenszweck!

Schöpferische Männer, die wirkliche Taten vollbringen, haben keine Abneigung gegen Probleme – sie schätzen sie sogar. Sie wissen, daß Probleme für den Geist dasselbe bedeuten wie Leibesübungen für die Muskeln: Sie kräftigen und machen stark. Probleme befähigen uns, mit dem Leben besser zu Rande zu kommen.

Einer der Männer, die ich bewundert habe, war der verstorbene Charles F. Kettering, wissenschaftlicher Genius der General Motors. Er schuf den Anlasser, das DUCO-Lackverfahren für Automobile und viele andere moderne Erfindungen. Er war einer der anregendsten Denker, die ich kannte.

An einem Essen zur Feier des vor 150 Jahren erfolgten Eintritts von Ohio als Staat in die Union waren eine Anzahl gehobener Ohioner eingeladen worden, das Wort zu ergreifen. Auf dem Programm standen Branch Rickey, Dr. Milliken, Bob Hope, meine Wenigkeit und andere. Der Zeremonienmeister wich vom Programm ab und rief „Boß" Kettering auf, der in der Menge saß. Er kam nach vorne und machte eine Zwei-Satz-Ansprache, die immer in meinem Gedächtnis bleiben wird als ein rednerisches Meisterstück. Bezug nehmend auf die historische Tatsache, für die das Diner abgehalten wurde, sagte Kettering: „Ich bin nicht interessiert an der Vergangenheit. Ich interessiere mich nur für die Zukunft, denn dort hoffe ich den Rest meines Lebens zu verbringen." Damit setzte er sich wieder hin, mitten im donnernden Applaus.

Zu seinen Mitarbeitern bei General Motors sagte Kettering oft: „Probleme sind das Rad des Fortschritts. Bringt mir nichts anderes als Schwierigkeiten! Gute Nachrichten allein machen mich schwach." Welche Philosophie! Bringt mir Probleme, sie stärken mich! Probleme, als Gelegenheit gewertet, machen starke Männer. Die große Frage ist nicht, ob wir Probleme haben und einige davon äußerst schwierig sind und unser Leben komplizieren. Wichtig ist die Haltung, die wir ihnen gegenüber einnehmen. Wie du über Probleme denkst, ist wichtiger als die Probleme selbst. Menninger sagt: *„Innere Haltung ist wichtiger als Tatsachen."* Sicher ist eine Tatsache eine Tatsache. Manche Leute betrachten das als etwas Endgültiges. Was kann man da schon machen? Deshalb geben sie auf. Doch der unentwegte Optimist hat eine positive Haltung gegenüber der Tatsache. Er betrachtet sie realistisch, genau wie sie ist, doch darüber hinaus sieht er noch etwas mehr. Er beurteilt sie als eine Herausforderung für seine Intelligenz, seinen Einfallsreichtum und seinen Glauben. Er bittet um Einsicht und Führung, um mit der harten Tatsache fertig zu werden. Er weiß, daß es eine Antwort gibt, und darum findet er sie schließlich.

Vielleicht verändert er die Tatsache, oder möglicherweise umgeht er sie, oder er lernt mit ihr zu leben. Doch in diesem Fall hat sich seine Haltung gegenüber der Tatsache als wichtiger erwiesen als die Tatsache selbst.

Übe zuversichtliches Denken, bis du es beherrschest. Dann fahre fort, es praktisch anzuwenden, so daß es ständig wirksam bleibt. Du brauchst nicht ständig Schläge einzustecken, niemals. Mit Gottes Hilfe kannst du alle Probleme meistern.

Begeisterung reisst Schranken nieder

S. S. Kresge, der Begründer des riesigen Imperiums von nahezu tausend Ladengeschäften, die seinen Namen tragen, besaß die besonnene Art von Begeisterung, die Schranken niederreißt und ungeahnte Erfolge erzielt. Dieser bemerkenswerte Mann wurde neunundneunzigeinhalb Jahre alt, und seine philanthropischen Vergabungen haben Tausende gefördert.

Kresges Lebensgeschichte liegt ganz in der Tradition des modernen amerikanischen Märchens: von der Armut zum Erfolg durch harte Arbeit, Sparsamkeit, absolute Ehrlichkeit, Gottvertrauen und Begeisterung. S. S. Kresge war ein gläubiger Christ, ein Mann, der mit beiden Füßen auf dem Boden stand, und ein außerordentlich kluger Kopf. Zudem besaß er einen weiterum bekannten trockenen Humor. Als die Harvard University ihm die Würde eines Ehrendoktors verlieh und er sich mit einer Ansprache hätte bedanken sollen, stand er auf und sagte: „Mit Reden habe ich noch nie einen Pfennig verdient." Dann setzte er sich wieder. Dies war sehr wahrscheinlich die kürzeste Rede, die an der Universität je gehalten wurde. Kresge verdiente in seinem Leben etwa zweihundert Millionen Dollar, und den Großteil davon verschenkte er wieder. Nie verlor er Gott aus den Augen, und nie mißachtete er die Menschenwürde. Er sagte: „Ich möchte die Welt als eine bessere Stätte verlassen, als ich sie vorgefunden habe."

Ich fragte ihn einmal nach dem Geheimnis seines erfüllten Lebens, und er gab mir zur Antwort: „Meine Lebensregel ist höchst einfach: gehe früh zu Bett; stehe früh auf, iß nicht zuviel; arbeite hart; hilf deinen Mitmenschen; kümmere dich nicht um Dinge, die dich nichts angehen; sei begeistert und denke immer an Gott!

Wenn man unten beginnt und sich mühsam hocharbeiten muß, fällt einem mit der Zeit alles leicht", setzte er hinzu. Das ist bestimmt so, vorausgesetzt, man besitzt die nötige Dosis Charakterstärke, Mut, Zuversicht und echte Begeisterung, um durchzuhalten. Diese Gaben, die Gott uns schenkt und die wir ständig weiterentwickeln müssen, braucht es, um die Hindernisse zu überwinden, die sich jedem Menschen auf seinem Weg zu einem besseren Leben, zu wahrem Erfolg entgegenstellen.

Kürzlich kam nach einem meiner Vorträge eine Frau zu mir. Es stellte sich heraus, daß wir zusammen an derselben Universität studiert hatten; seit der Abschlußprüfung waren wir uns allerdings nie mehr begegnet. „Norman", sagte diese Frau zu mir, „ich habe dir aufmerksam zugehört, und ich bin überrascht, was du aus dem Wenigen gemacht hast, das dir mitgegeben war." Zuerst verstimmte mich diese Bemerkung etwas, doch dann wurde mir bewußt, daß sie im Grunde genommen ja ein großes Kompliment war. Wenn uns nur wenig mitgegeben ist, wir aber danach trachten, aus diesem Wenigen das Beste zu machen, dann stellen wir mit Erstaunen fest, wie viel daraus werden kann.

Der Entschlossene kommt im Leben voran!

Begeisterung weckt und fördert die Entschlußfähigkeit, die bei der Überwindung von Hindernissen auf dem Weg zu einem besseren Leben ausschlaggebend ist. Die Geschichte von Mahalia Jackson, einer der überragendsten Gospel-Sängerinnen, die es je gab, hat mich zutiefst bewegt. Hindernisse lagen mehr als genug auf ihrem Weg, aber sie besaß Entschlossenheit, Begeisterung und Gottvertrauen – das, was nötig war, um durchzuhalten.

Mahalia Jacksons Weg führte sie aus bitterster Armut in die größten Konzertsäle der Welt, wo sie vor gewaltigen Zuhörermengen sang. Sie wuchs in New Orleans auf; dort arbeitete ihr Vater während der Woche in den Hafendocks, und am Sonntag amtierte er jeweils als Prediger. Da ihre Eltern sehr arm waren, genoß Mahalia keine rechte Schulbildung und natürlich auch keinerlei Musikunterricht. Aber sie hörte Musik auf den Vergnügungsbooten entlang dem Unterlauf des Mississippi, und begeistert lauschte sie den Rhythmen der berühmten Jazz-Orchester. Und sie spürte, daß sich in ihr etwas entwickelte, und wurde gewahr, daß sie über eine gute Stimme verfügte. Vom ersten begeisterten Mitsingen im Chor der kleinen Kirche ihres Vaters ging es Schritt für Schritt aufwärts bis zum weltweiten Erfolg. Von einer ihrer Schallplatten, „Move On Up A Little Higher", wurden acht Millionen Exemplare verkauft. „Was immer du werden willst; was immer du erreichen willst", sagt sie, „Gott hilft dir dabei. Unter einer Bedingung: du mußt fest dazu entschlossen sein."

Sie sagt, wenn Gott sie von den Waschzubern am Fluß in Louisiana wegbringen konnte, wenn Er ihre Knie von den Fußböden, die sie schrubbte, lösen konnte, wenn Er sie über das Leid, das ihre Rasse erdulden muß, erheben konnte, dann könne er jedem anderen Menschen genauso über jede Schwierigkeit hinweghelfen. Und damit hat sie recht. Keiner ist auf dieser Welt, den Gott nicht weit über jedes erhoffte oder erträumte Ziel hinauszutragen vermöchte. Aber das verlangt auf unserer Seite Entschlossenheit. Wir müssen unser Ziel unter allen Umständen erreichen wollen, und wir müssen uns Gott voll und ganz anvertrauen. Dann werden wir den Sieg davontragen über unsere Schwächen, über unsere Schwierigkeiten und über uns selbst.

Mahalia Jacksons Geschichte beweist, daß wir im Leben alles erreichen können, wenn wir über die Begeisterung und das Gottvertrauen verfügen, die alle Hindernisse überwinden.

Wie man die Lebensfreude wieder findet

Ich habe miterlebt, wie zwei verzagte Menschen ihre Lebensfreude wieder zurückgewannen.

Es war an einem Maimorgen auf unserer Farm in Dutchess County. Auf einer Wiese unseres Grundstückes steht ein altes, verwittertes, unbewohntes kleines Haus, das wir als Lagerraum benützen. Dicht neben diesem Haus wachsen prächtige Fliederbüsche. Die Morgennebel hüllten das Ganze ein; es war ein Anblick von geheimnisvoller Schönheit. Schwer ruhten die Tautropfen auf den Blütendolden, und diese verströmten einen geheimnisvollen Duft. Zwei junge schwarze Ochsen kamen heran und musterten mich eingehend durch die Umzäunung. Es schien mir, als gehe von ihren gelassenen Gesichtern eine Art interessierte Freundlichkeit aus. Sie gefielen mir, und ich rief ihnen zu: „He, Jungens, wie geht's?" Aber ihre Antwort bestand lediglich in langen Dampffahnen, die sie durch ihre Nüstern bliesen.

Nun begannen sich die Morgennebel langsam zu lichten. Lange Sonnenstrahlen fielen auf die lilafarbenen Fliederbüsche; ein strahlend schöner Morgen brach an. Da erinnerte ich mich eines Ausdrucks, den mein Vater oft gebrauchte, wenn er von einem glücklichen und begeisterten Menschen sprach: „Er strahlt wie ein Maimorgen." Ich stand in dem tiefen Gras und dachte daran, wie viele Maimorgen ich schon hatte erleben dürfen, und ich war glücklich, daß mich ein schöner Maimorgen noch genauso begeistern konnte wie seinerzeit als Knabe. Und ich bat Gott, mir meinen wachen Geist zu bewahren, damit das Leben für mich immer so voller Wunder, Glanz und Herrlichkeit bleibe.

So viele Menschen werden matt, alt und müde vor aller Zeit. Sie werden zynisch und berufen sich dabei auf ihre Erfahrungen. Aber sollte uns Erfahrung denn nicht froher, klüger und weiser machen? Und ist es weise, trübsinnig zu werden und jede Lebensfreude zu verlieren, statt sich jeden

Tag von neuem über die Fülle zu freuen, die uns das Leben schenkt?

Nun, an diesem bestimmten Maimorgen kam ein Ehepaar auf meine Farm. Ich kannte die beiden als in ihrer Art nette, aber außerordentlich gelangweilte und blasierte Großstadtmenschen. Der Mann, guter Komponist und bekannter Musikverleger, sagte zu mir: „Helen fühlt sich nicht recht wohl, und ich mache mir deswegen Sorgen. Aber auch mir geht es nicht besonders gut."

„Nun, Sie sehen aber gar nicht schlecht aus."

„Mag sein, aber ich fühle mich innerlich ausgebrannt und habe meine schöpferische Kraft verloren. Etwas ist mir abhanden gekommen. Meine Begeisterung und meine Lebensfreude sind weg. Ich möchte wissen, wie ich sie wieder finden kann, Denn so ist das Leben leer und sinnlos."

„Hören Sie, Bill, da bin ich nicht der richtige Mann für Sie. Ich bin ein Diener des Herrn, und Sie sind einer dieser überkultivierten Intellektuellen. Wieso fragen Sie ausgerechnet mich, wie Sie Ihre Lebensfreude wieder zurückgewinnen können? Es war ein Fehler von Ihnen, mit dieser Frage zu mir zu kommen, denn ich kann Ihnen nur eine einfache, schlichte Antwort geben. Und Sie sind nicht einfach genug, um sich mit einer einfachen Antwort zu begnügen. Sie sind zu kompliziert, um nicht zu sagen zu blasiert für so etwas – wenigstens erwecken Sie diesen Eindruck. Wenn Sie allerdings bereit sind, von Ihrem Thron herabzusteigen, dann will ich ihnen gerne die richtige Antwort geben."

„Verfahren Sie nicht reichlich grob mit mir?"

„Nun, vielleicht haben Sie es nötig", gab ich lächelnd zurück. Wir hatten uns verstanden.

Ich bat Bill und Helen ins Haus, dort beteten wir. Scheinbar hatte ich die beiden falsch eingeschätzt, denn hemmungslos und offen schütteten sie ihr Herz aus. Sie zierten sich nicht, sondern baten Gott aufrichtig um Hilfe und Beistand. Danach waren die beiden wie neu geboren, und bald darauf verließen sie mich leichten Schrittes und mit einem Leuchten in den Augen.

Ein Jahr später erhielt ich von Bill einen Brief, und offensichtlich waren seine Begeisterung und seine Lebensfreude nun von Dauer, denn er schrieb schwärmerisch: „Der Himmel war noch nie so blau, das Gras noch nie so grün, der Duft der Blumen noch nie so betörend und der Gesang der Vögel noch nie so hinreißend wie in diesem Jahr. Wir wußten ja gar nicht, wie herrlich das Leben sein kann!"

Begeisterung überwindet die Hindernisse auf dem Weg zu einem erfüllten Leben

Hindernisse auf dem Weg zu einem erfüllten Leben gibt es viele und mancherlei. Eines von ihnen – und nicht das kleinste – ist die Furcht. Und Furcht geht Hand in Hand mit Vorsicht. Angemessene Vorsicht ist klug und vernünftig; wir sollten uns aber davor hüten, zu vorsichtig zu sein. Dem Furchtsamen, dem Ängstlichen, dem Übervorsichtigen gelingt es nie, die Hindernisse zu überwinden, hinter denen erst die wahren Werte eines erfüllten Lebens liegen. Und darum ist allzu große Vorsicht nicht von gutem. Auf unserer Farm fuhr eines Tages ein Tankwagen vor, um Heizöl zu liefern. Der Fahrer stieg aber nicht aus, und so ging ich zu ihm hin und fragte ihn: „Was ist los; wo fehlt's?"

Nervös antwortete der Mann: „Hier, dieser Hund!" Nun, unser Hund ist recht groß, und er bellt auch dementsprechend; ein weiteres Merkmal seiner Rasse ist sein furchterregender Blick. Aber das ist alles nur Täuschung – bös blicken und bellen ist alles, was er kann. „Dieser Hund würde nicht einmal einer Fliege etwas zuleide tun", gab ich daher zur Antwort.

„Was kümmern mich Fliegen, wenn er dafür mich beißt!"

„Steigen Sie ruhig aus und gehen Sie auf den Hund zu; er wird sich davonmachen."

Aber der Mann war nicht dazu zu bewegen. „Sehen Sie doch seine Augen, nein danke!" erwiderte er und bleib in seiner Kabine sitzen.

Ich wandte mich nun dem Hund zu und befahl ihm: „Marsch, Petey, geh weg!" Aber zu meiner Überraschung und zu meinem Erstaunen ging er bellend auf mich los. Fast wäre ich ebenfalls auf den Tankwagen gesprungen!

Petey spürte, daß er den Fahrer eingeschüchtert hatte, und nun wollte er sehen, ob ihm das bei mir ebenfalls gelänge. Ich sagte zu dem Mann: „Solange Sie vor dem Hund Angst haben, macht er sich einen Spaß daraus, Sie in Ihrem Wagen festzunageln."

Endlich konnte ich ihn überzeugen. Er stieg aus, und wir gingen geradewegs auf den Hund zu. Als Petey sah, daß er niemandem mehr Angst einflößen konnte, zog er sich sofort zurück. Nachher strich er knurrend um das Haus, während der Mann seine Arbeit verrichtete.

Nun, es ist ja nichts Neues, daß ein Tier, wenn es unsere Angst spürt, alles tut, uns noch mehr einzuschüchtern. Je länger wir uns vor etwas bange machen lassen, um so größer wird unsere Furcht. Wer in einen Autounfall verwickelt war, wird in der Regel nur mit Unbehagen wieder in ein Auto steigen. Aber je früher er es tut, um so besser. Wenn er es hinausschiebt, kann sich seine Furcht vor dem Autofahren zu einem Angstzustand vor dem Reisen schlechthin entwickeln. Furcht kann mit Ablauf der Zeit wachsen und sich zudem auf andere Bereiche verlagern.

Dingen, vor denen wir uns fürchten, aus dem Weg zu gehen, kann unliebsame Folgen haben. Darum ist es richtiger, sie durchzustehen, ihnen erhobenen Hauptes entgegenzutreten – auch wenn wir dabei hin und wieder etwas in Kauf nehmen müssen. In der Mehrzahl der Fälle werden wir erleben, daß es lange nicht so schlimm ist, wie wir befürchtet haben. Und sollte es einmal wirklich schlimm sein, dann werden wir bestätigt finden, daß uns alles gegeben ist, um die Situation durchzustehen – und daß wir dabei innerlich wachsen und stärker werden.

John Ruskin wurde sich als Zwanzigjähriger schmerzlich bewußt, wie außerordentlich furchtsam er war. Während eines Aufenthaltes in Chamonix in den französischen Alpen litt er sehr darunter. Er hatte andere junge Leute beim Bergsteigen beobachtet und wollte selber auch einige der weniger hohen Gipfel bestiegen. Doch seine Angst machte ihn regelrecht krank, und nicht viel hätte gefehlt, so hätte er von seinem Vorhaben abgelassen.

Da schrieb er die folgenden Gedanken nieder, die ihm halfen, seine Angst zu überwinden: „Wenn wir vor einer Gefahr zurückschrecken – und möchte dies im einen oder andern Fall auch einleuchtend und vernünftig scheinen –, erfährt unsere Persönlichkeit eine gewisse Wertminderung; wir werden um einen Grad kraftloser und schwächer. Bieten wir dagegen einer Gefahr die Stirn – und mag es auf den ersten Blick vielleicht auch unvernünftig scheinen –, dann gehen wir aus der Auseinandersetzung reifer und stärker hervor; sie macht uns widerstandsfähiger für kommende Prüfungen."

Eine Ermahnung, die der bekannte Berichterstatter Henry J. Taylor einmal von seinem Vater erhielt, drückt es so aus: „Kümmere dich nicht zuviel um dich selbst und fürchte dich vor nichts. Menschen, die zu vorsichtig durchs Leben gehen, verpassen viel. Riskiere etwas, wenn es die Lage erfordert! So wirst du glücklicher sein, mehr von der Welt sehen und aller Voraussicht nach genauso lange leben."

Wir sollten uns ferner davor hüten, nachtragend zu sein. Wir versetzen ja nur uns selbst in Ärger, wenn wir jemandem etwas nachtragen, wenn wir unseren Groll einem Mitmenschen gegenüber ständig wieder aufleben lassen. Wir verletzen uns selber immer wieder aufs neue, und derart können seelische Wunden nie heilen.

Ein anderes Hindernis, das es zu überwinden gilt, ist der Hang, sich abzusondern, allem aus dem Weg zu gehen, was andere betrifft. Manches Unglück könnte vermieden werden, wenn wir uns etwas weniger unbeteiligt verhielten. So

114

sollen nachgewiesenermaßen mindestens neununddreißig Personen die Schreie einer Frau gehört haben, die, nach Zeitungsmeldungen, im Zentrum von New York erstochen wurde, und – es klingt geradezu unglaublich – keine dieser neununddreißig Personen fand es für nötig, den Schreien nachzugehen.

„Warum soll ich da in etwas verwickelt werden? Es geht mich ja nichts an", argumentierten diese Leute. Doch, es wäre sie etwas angegangen! Denn so verlor die arme Frau ihr Leben, und sie verloren einen Teil ihrer Seelenruhe. Wie können sie diese Todesschreie je vergessen, die sie in ihrer egoistischen Unbekümmertheit nicht berührten? Der Gedanke daran wird sie ständig verfolgen.

Die Einstellung, sich nicht um die Sorgen, Nöte und Fährnisse der Mitmenschen zu kümmern, ist ein gewaltiges Hindernis auf dem Weg zu einem erfüllten Leben: ein Hindernis, das wir uns selber in den Weg legen. Wahre Begeisterung für unsere Mitmenschen besiegt diese Interesselosigkeit und verhilft uns zu einem Glücksgefühl, dessen wir sonst nie teilhaftig würden.

Unsere Verantwortung für andere

Da ist zum Beispiel das Erlebnis, das Sal Lazzarotti, der künstlerische Gestalter von „Guideposts", hatte. Es nahm seinen Anfang, als er eines Morgens auf dem Weg zur Arbeit in der Untergrundbahn saß. Einen Schritt von ihm entfernt stand im Mittelgang ein hübscher, gut aussehender achtzehnjähriger Jüngling. Sal gegenüber saß eine adrett gekleidete junge Dame von vielleicht fünfundzwanzig Jahren und las in einem Buch. Als der Zug auf einer Station hielt, erhob sich das Mädchen und schritt an dem Burschen vorbei zur Türe. Plötzlich begann sie zu schreien: „Sie unverschämter Kerl! Tun Sie nicht so unschuldig! Sie haben mich angefaßt!" Und wie eine Tigerin stürzte sie sich auf ihn und wollte ihm das Gesicht zerkratzen. Der völlig perplexe Junge hob seine Hände zur Abwehr, und dabei muß er wohl unabsichtlich das Gesicht des Mädchens gestreift haben, denn auf ihren Lippen war plötzlich ein Blutfleck zu sehen. Nun riß er sich los, sprang aus dem Wagen und lief den Bahnsteig entlang – sie hinter ihm her, laut „Polizei! Polizei!" rufend. Die Türen der Untergrundbahn schlossen sich; die aufgeschreckten Reisenden zuckten die Schultern und wandten sich wieder ihren Zeitungen zu. Sal hatte genau gesehen, daß der Junge und das Mädchen sich nicht berührt hatten, ehe sie zu schreien begann. Der Junge war vollkommen unschuldig. Sal fragte sich, was wohl mit ihm geschehen werde und ob er sich nicht als Zeuge zur Verfügung stellen sollte. Doch dann versuchte er sich einzureden, daß ihn das Ganze ja nichts angehe, daß der Bursche sehr wahrscheinlich ohnehin entkommen sei und daß er sich besser nicht einmische. Überhaupt war er viel zu beschäftigt, um sich um anderer Leute Schwierigkeiten zu kümmern. Und doch mußte er ständig an den Jungen denken!

Die Sache ließ ihm keine Ruhe. Vier Telefonanrufe waren nötig, um den Polizeibezirk ausfindig zu machen, auf den man den Jungen gebracht haben würde, falls er gefaßt worden war. Dort sagte man ihm, ja, der Bursche sei eingeliefert worden und warte nun bereits beim Jugendgericht auf seine Aburteilung. Sal rief das Jugendgericht an und brachte dort den Namen des Jungen – Steve Larsen – in Erfahrung sowie den Namen und die Adresse seiner Eltern. Nun telefonierte er mit Steves Mutter und erfuhr, daß die Eltern kein Geld für einen Anwalt hatten. Also mobilisierte er selbst einen, und zusammen mit diesem und Steves Mutter ging er zum Gericht.

Als der Richter sie befragte, gab das Mädchen eine eindrucksvolle Beschreibung, wie sie angegriffen worden sei. Sal hörte fassungslos zu, wußte er doch, daß ihre ganze Geschichte erfunden war. Einmal unterbrach der Richter das Mädchen und sagte zu ihm: „Überlegen Sie sich alles gut, denn es ist ein Zeuge anwesend." Das Mädchen sah sich um und bemerkte Sal. Sie erkannte ihn wieder, starrte ihn ungläubig an und brach zusammen. Es stellte sich heraus, daß sie in die Behandlung eines Psychiaters gehörte.

Wäre Sal Lazzarotti dabei geblieben, daß ihn die Sache nichts angehe und daß er nicht in etwas hineingezogen werden wolle, dann wäre der Junge zweifellos verurteilt worden. Man hätte ihn möglicherweise in eine Erziehungsanstalt gesteckt; ein Makel wäre zeitlebens an ihm haften geblieben, wenn er nicht gar in der Folge zum Verbrecher geworden wäre. Durch das Eingreifen eines Mannes, der einem Menschen gegenüber, den er nicht einmal kannte, Verantwortung empfand, wurde er davor bewahrt.

Auch der dreiundzwanzigjährige Marinesoldat James R. George gehörte nicht zu jenen, die sich abseits halten, wenn Not am Manne ist. Er war auf Urlaub in Philadelphia und wollte die Sehenswürdigkeiten der Stadt besichtigen. Doch auf einer Untergrundbahnstation bekam er etwas zu sehen, womit er in Philadelphia, der Wiege der amerikanischen Freiheit, nicht gerechnet hatte. Fünfzehn bis zwanzig jugendliche Strolche hatten ein Mädchen in die Enge getrieben und waren im Begriff, sich an ihr zu vergehen. Sechs Männer standen in der Nähe, schauten zu und machten keinerlei Anstalten einzugreifen. George rief ihnen zu: „Los, seht doch nicht untätig zu!"

Sie zuckten nur mit den Achseln, und das besagte soviel wie: „Das geht uns nichts an. Wir wollen nicht in etwas verwickelt werden. Das ist nicht unsere Sache."

Aber der Marinesoldat James R. George war aus anderem Holz; er machte es zu seiner Sache. Er warf seine Jacke von sich und stürzte sich auf die brutalen Kerle. Mit beiden Fäusten hieb er auf sie ein. Es war ein harter Kampf, aber schließlich ergriff die Bande die Flucht, und das Mädchen war gerettet. Die sechs Männer waren die ganze Zeit vollkommen unbeteiligt daneben gestanden.

James R. George wurde zum Ehrenbürger von Philadelphia ernannt. In seiner Ansprache betonte der Bürgermeister Georges beispielhaften Mut und ausgeprägtes Verantwortungsbewußtsein. Als George für die ihm zuteil gewordene Ehrung dankte, begann er mit den Worten: „Ich habe meinen Aufenthalt in Philadelphia sehr genossen ..." Natürlich hatte er das – trotz seinem grün und blau geschlagenen Gesicht und anderen Zeichen des durchgestandenen Kampfes. Und warum? Weil er ein ruhiges Gewissen

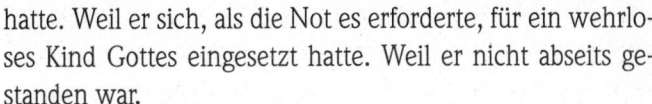

hatte. Weil er sich, als die Not es erforderte, für ein wehrloses Kind Gottes eingesetzt hatte. Weil er nicht abseits gestanden war.

Wenn jemand uns verlassen sollte

Richtige religiöse Einstellung hilft uns, ein weiteres Hindernis zu besiegen, nämlich die Furcht, einen geliebten Menschen zu verlieren – etwas vom Qualvollsten, das uns widerfahren kann, eine der schwersten Prüfungen, die uns das Leben auferlegt.

Eines Nachmittags sprach ich auf einer Tagung in einem Hotel in Chicago. Im Hintergrund des Saales sah ich einige Serviererinnen stehen und zuhören. Als ich nach meinem Vortrag dem Ausgang zuschritt, wurde ich von einer von ihnen, sie mochte etwa dreißig Jahre alt sein, angerufen. Sie kam auf mich zugerannt, nahm meine beiden Hände in die ihren und überraschte mich mit den Worten: „Doktor Peale, ich liebe Sie!"

„Nun, verkünden Sie das nicht so laut", entgegnete ich lachend.

„Ach", wiederholte sie, „ich liebe Sie einfach."

Ihre Offenheit und ihr Entzücken rührten mich, und ich sagte zu ihr: „Wissen Sie was? Ich liebe Sie auch. Aber sagen Sie mir doch bitte: warum lieben Sie mich?"

„Das will ich gerne tun", fuhr sie fort. „Ich habe einen kleinen Knaben. Sein Vater verließ uns, aber um so mehr dankte ich Gott, daß er mir dieses liebe Kind geschenkt hatte. Dann, als der Knabe fünf Jahre alt war, wurde er krank. Der Arzt machte kein Geheimnis daraus, daß die Krankheit ernsthaft sei, und eines Tages sagte er zu mir: ‚Sie müssen stark sein. Ich weiß nicht, ob wir Ihren Jungen noch retten können.' Er bereitete mich auf das Schlimmste vor. Ich war völlig durcheinander. Meine ganze Welt würde zusammenstürzen, wenn ich meinen Knaben verlieren sollte. Ich liebte ihn doch so sehr, er bedeutete mein ganzes Leben.

Da gab mir eine Nachbarin Ihr Buch ‚Darum seid getröstet'*. Nie werde ich vergessen, was Sie in diesem Buch sagen: ‚Ich erinnere mich an eine Geschichte über Cecil B. de Mille, den berühmten Filmproduzenten, die vor einigen Jahren im Magazin ‚Guideposts' erschienen ist. De Mille liebte es, wenn er ein Problem zu überdenken hatte, sich in die Einsamkeit zurückzuziehen. Eines Tages fuhr er in einem Boot auf einen See im Staate Maine hinaus und ließ sich ziellos dahintreiben, während er sein Problem überdachte.

Das Boot trieb an Land und legte an einer Stelle an, wo das Wasser nur wenige Zentimeter tief war. De Mille schaute hinab und sah, daß der Grund mit Wasserkäfern übersät war. Einer von ihnen kam an die Oberfläche und kroch langsam an der Seitenwand des Bootes hoch. Als er den Bootsrand erreicht hatte, starb er.

De Milles Gedanken kehrten zu seinem Problem zurück. Nach einer Weile blickte er zufällig wieder auf den Käfer. In der heißen Sonne war sein Panzer trocken und

---

* Oesch Verlag, Zürich

brüchig geworden. Aber plötzlich sprang der Panzer auf, und langsam kam eine Libelle zum Vorschein. Sie erhob sich in die Luft, und ihre Farben funkelten im Sonnenlicht.

Diese beflügelte Kreatur flog in einem Augenblick weiter, als der Käfer in Tagen hätte kriechen können. Die Libelle wandte sich wieder der Wasseroberfläche zu; de Mille sah ihren Schatten auf dem Wasser. Sehr wahrscheinlich sahen die Wasserkäfer in der Tiefe die Libelle auch, aber jetzt lebte ihr einstiger Gefährte in einer Welt, die ihr Begriffsvermögen überstieg. Sie lebten immer noch ihre bescheidene Existenz, während ihre beflügelte Verwandte alle Freiheit zwischen Himmel und Erde genoß.

Später, als de Mille sein Erlebnis erzählte, schloß er mit der eindringlichen Frage: ‚Wird der Schöpfer des Universums das, was er für einen Wasserkäfer tut, für einen Menschen nicht tun?‘

De Mille glaubte es nicht – und auch ich glaube es nicht.

Die Bibel verheißt uns doch durch Paulus: ‚Kein Auge hat je gesehen und kein Ohr hat je gehört und keinem Menschen ist je ins Herz emporgestiegen, was alles Gott denen bereitet hat, die ihn lieben.‘ Und in den Offenbarungen steht: ‚Sie werden nicht mehr hungern und werden nicht mehr dürsten ... und Gott wird alle Tränen abwischen von ihren Augen.‘

Etwas in meinem Innern sagte mir", fuhr die junge Frau fort, „daß es wahr sei. So betete ich denn und empfahl meinen Sohn Gott."

„Und was geschah?"

Mit Tränen der Freude in den Augen sagte sie: „Ist Gott

nicht wunderbar? Er ließ mich meinen Jungen behalten. Und nun erziehen Gott und ich ihn gemeinsam."

Ich mußte mich zusammennehmen, damit mir nicht ebenfalls Tränen kamen. „Sie sind eine großartige Mutter und einer der klügsten und standhaftesten Menschen, die ich je kennengelernt habe."

„Das ist sie wirklich", stimmten ihre Kolleginnen ein, die uns umstanden. Wir sagten uns auf Wiedersehen, und glücklich über dieses Erlebnis machte ich mich auf meinen Weg. Diese junge Frau besaß die Kraft begeisterten Gottvertrauens, und diese hatte ihr geholfen, mit einem der schwersten menschlichen Probleme fertig zu werden.

Ich kann nicht – ich kann

Wir sollten uns auch davor hüten, Hindernisse aufzubauschen. Wie viele Menschen erklären mir doch immer wieder des langen und breiten, warum sie etwas nicht können! Wenn sie doch nur die Hälfte der Zeit, die sie für ihre langschweifigen Erklärungen brauchen, darauf verwendeten, das zu tun, was sie können, dann würden sie bald einmal erleben, daß nichts unmöglich ist. Mein alter verehrter Lehrer George Reeves, ein Mann voller Gottvertrauen und Zuversicht, hinterließ bei uns Schülern einen unvergeßlichen Eindruck. Er hatte die seltsame Gewohnheit, manchmal unvermittelt in großer Schrift auf die Wandtafel zu schreiben: „Ich kann nicht." Dann griff er jeweils zum Schwamm und fragte: „Was machen wir?" worauf die ganze Klasse im Chor rief: „Das Wort ‚nicht' auslöschen!" – was er hierauf mit einer schwungvollen Handbewegung besorgte. Dann ermahnte er uns immer: „,Ich kann nicht' darf es in eurem Leben einfach nicht geben. Ihr könnt alles – ihr müßt es nur wirklich wollen!"

Was positives Denken und Begeisterung vermögen

Zu jener Zeit, als ich meine erste Pfarrstelle innehatte, es war in Berkeley, Rhode Island, wurde ich mir bewußt, daß mit meiner geistigen Einstellung etwas nicht in Ordnung war. Ich neigte dazu, alles und jedes unter einem negativen Gesichtspunkt zu betrachten. Ich entschloß mich daher zu einer geistigen Kehrtwendung und bat Gott um seinen Beistand.

Zu meinem Glück wurde mein inniges Gebet erhört, denn es gibt kaum etwas Elenderes, als mit einer negativen Geisteshaltung zu leben. Davon befreit zu werden, war eine meiner wundervollsten Erfahrungen. Meine veränderte Einstellung machte mich mit zwei für mich neuen Begriffen bekannt, und diese sollten in der Folge mein Leben ganz gewaltig ändern: die Kraft positiven Denkens und die Kraft der Begeisterung. Doch diese beiden herrlichen Eigenschaften kommen nicht von ungefähr. Sie wollen erlernt und beherrscht werden. Hat man sie sich aber einmal zu eigen gemacht, dann überwindet man mit ihrer Hilfe die größten Hindernisse, die sich uns in den Weg stellen und möglicherweise unser Leben ruinieren könnten.

Nachdem ich erkannt hatte, was diese beiden Fähigkeiten vermögen, wurden sie mit Gottes Führung und Beistand zur Grundlage meines weiteren Lebens. Positives Denken beeinflußt unsere Verstandeswelt; Begeisterung unsere Gefühlswelt. Und beide zusammen lösen alle unsere Probleme und Schwierigkeiten.

Ein bedrohlicher Sturm kann zum hilfreichen Rückenwind werden

Während einer Flugreise im Fernen Osten unterhielt ich mich mit dem Flugkapitän. In jener Gegend sind Taifune, diese alles zerstörenden Winde mit dem unheilvollen Namen, sehr häufig. Ich fragte den Kapitän, welchen Einfluß Taifune auf die Flugsicherheit hätten. „Nun", sagte er gedehnt, „damit ist nicht zu spassen. Sie ziehen ein Gebiet von fünfhundert bis achthundert Kilometern in ihren Bann."

„Und was machen Sie, wenn Sie in einen Taifun geraten?"

„Ganz bestimmt versuche ich nicht, dagegen anzufliegen. Ich fliege vielmehr in der Richtung, in welcher der Taifun bläst, und so wird er für mich zum willkommenen Rückenwind."

Positives Denken und Begeisterung wirken genauso. Sie sind der Rückenwind, der uns unsere Probleme und Schwierigkeiten überwinden läßt und uns zu den gesteckten Zielen trägt.

Zugegeben, bei der Begeisterung besteht immer die Gefahr des Übertreibens. Auch Enthusiasten sollten es daher mit der Ruhe nehmen, sonst werden sie womöglich das Opfer ihrer eigenen Verzücktheit. Richtig verstandene Begeisterung ist nicht notwendigerweise Zügellosigkeit, sondern weit eher ein energisches, kontrolliertes Handeln, und vielleicht verfügt der bedächtige, zurückhaltende Mensch genauso darüber wie der lebhaft aus sich herausgehende. Die Welt gehört dem Begeisterten, der einen kühlen Kopf bewahrt.

Bei den Menschen, die ich kennenlernte und die in dieses Bild passen, muß ich an den ehemaligen Präsidenten Calvin Coolidge denken. Er war ein außerordentlich bedächtiger und schweigsamer Mensch, aber unter seiner kühlen Oberfläche loderte das kontrollierte Feuer der Begeisterung.

Er war einer der seltenen Politiker, die sparsam mit ihren Worten umgehen. Er sagte, was unbedingt gesagt werden mußte, aber nicht mehr. Er gewann die Zuneigung vieler Menschen allein schon durch die Tatsache, daß er nicht zuviel redete.

Ehe seine Laufbahn als Politiker begann, war Coolidge Anwalt in Northampton. Sein Büro lag im Stadtzentrum, sein Haus hingegen am Stadtrand. Nie fuhr Coolidge in sein Büro, das wäre ihm zu teuer gewesen, denn er war sehr sparsam. Jeden Morgen um dieselbe Zeit spazierte er von seinem Haus zum Büro. Sein Weg führte ihn dabei am Haus seines Freundes Hiram vorbei, und jeden Morgen, wenn Coolidge vorbeiging, lehnte sich Hiram über den Gartenzaun. Ihre tägliche Unterhaltung war immer dieselbe.

„Guten Morgen, Calvin", begann Hiram.

„Guten Morgen, Hiram", entgegnete Coolidge.

„Ein schöner Tag heute", fügte Hiram hinzu.

„Ein schöner Tag heute", bestätigte Coolidge.

So ging das etwa zwanzig Jahre lang. Dann wurde Coolidge zum Gouverneur gewählt, später zum Vizepräsidenten und schließlich zum Präsidenten der Vereinigten Staaten. Er war lange Jahre von Northampton weg gewesen, aber nach Ablauf seiner Amtszeit kehrte er wieder dorthin und zu seiner Anwaltspraxis zurück. Bald spazierte er wieder von seinem Haus zu seinem Büro, und natürlich lehnte sich wieder wie einst sein alter Freund Hiram über den Gartenzaun.

„Guten Morgen, Calvin."

„Guten Morgen, Hiram."

„Ein schöner Tag heute."

„Ein schöner Tag heute."

Es war wie einst. Doch dann geschah etwas Unerwartetes. Hiram, dieser Schwätzer, fügte hinzu: „Ich habe dich lange nicht gesehen, Calvin."

„Weiß schon, war ein Weilchen weg", antwortete Coolidge. Die Zeit seiner Arbeit als Gouverneur und Präsident war vorbei; für ihn zählte nur, was jetzt war. Calvin Coolidge nahm alles, wie es kam. Er besaß jene tiefverwurzelte, gelassene Art von Begeisterung, die nicht an die Oberfläche drängt. Er war voller Begeisterung für die Vereinigten Staaten, und das wollte bei ihm etwas heißen. Aber sich selbst nahm er nicht zu wichtig. Er war ein ruhiger, bedächtiger Enthusiast. Er besaß Begeisterung, aber er hielt sie unter Kontrolle.

Der Sinn dieses Buches soll sein, den unermeßlichen

Wert der Begeisterung zu zeigen, den sie für jene Menschen besitzt, die danach streben, im Leben etwas zu leisten. Ich stimme mit dem Verleger B. C. Forbes überein, der sagte: „Begeisterung ist der lebenswichtige Motor für jeden Menschen. Sie ist die treibende Kraft, die die Menschen Wunder vollbringen läßt. Sie bringt Mut hervor, erweckt Vertrauen und überwindet Zweifel. Sie erzeugt unaufhörlich Energie, den Ursprung allen Gelingens."

Ich habe an den verschiedenartigsten Beispielen zu zeigen versucht, wie Begeisterung im Leben vieler Menschen den Ausschlag gegeben hat. Meiner Meinung nach ist die religiöse Begeisterung von überragender Bedeutung, denn sie vor allem vermag, aus uns einen neuen Menschen zu machen. Mit ihrer Unterstützung überwinden wir alle Schranken – äußere, die uns in den Weg gelegt werden, und innere, die wir uns selber errichten.

Begeisterung schenkt neue Tatkraft

Es war an einer Tagung für Kaufleute im Außendienst. Vor meinem Vortrag kam ein Geschäftsmann auf mich zu und sagte: „Dr. Peale, ich habe in meinem Betrieb einen Mann, der nie aus eigenem Antrieb hierher zu dieser Tagung gekommen wäre; so habe ich ihn eben hergebracht. Ich habe Ihr Buch ‚Die Kraft positiven Denkens' gelesen, und ich hoffe, daß Sie aus dem Mann etwas machen werden. Ich erinnere mich, in Ihrem Buch gelesen zu haben, daß Sie es in einem ähnlichen Fall fertig brachten, ein Feuer unter dem betreffenden Versager zu entfachen."

„Das Feuer wurde in ihm, nicht unter ihm entfacht", antwortete ich. „Ich werde tun, was ich kann."

Ich ließ mir den Mann zeigen. Er saß in der vordersten Reihe; und während ich sprach, sah ich ihn mir von Zeit zu Zeit genauer an. Sein Ausdruck war leer und nichtssagend, und er zeigte keinerlei Reaktion auf irgend etwas, das ich sagte.

Immerhin, nach meinem Vortrag kam er zu mir: „Ich heiße Carl. Ich bin dieser lahme Verkäufer, den sein Chef selber herbringen mußte und der hier etwas mehr Schwung erhalten sollte."

„Ja, wissen Sie denn davon?"

„Natürlich. Wie könnte es anders sein? Er hat es doch überall herumerzählt." Er sagte das ohne jeden bitteren Unterton; ja, es schien ihm völlig egal zu sein.

Ich bat ihn auf mein Zimmer, damit wir uns ungestört unterhalten konnten. „Was ist los mit Ihnen, Carl?"

„Ich weiß es nicht. Ich weiß es wirklich nicht."

Ich stellte ihm einige belanglose Fragen, um mit ihm und seinen Problemen etwas vertrauter zu werden. Dann fragte ich ihn: „Und wie geht es im Beruf?"

„Ach, ich komme so durch."

„Wenn Sie mich fragen, dann kommen Sie nicht mehr lange durch. Ihr Chef ist wirklich wütend auf Sie. Er sagte mir, Ihre Leistungen und Ihre Umsätze gingen immer mehr zurück. Und doch glaubt er, daß Sie ein guter Mitarbeiter wären, wenn Sie etwas mehr Schwung hätten."

„Das ist recht und gut, aber ich habe keine Energie, und ich fühle keine Begeisterung. In einem Beruf mit solch starker Konkurrenz muß man rege sein, muß man auf Draht sein, muß man ständig hinter den Kunden her sein. Das braucht Durchschlagskraft, und zwar eine ganze Menge."

„Wo haben Sie denn all dieses Zeug gehört?"

„Nun, in den Gesprächen mit meinen Kollegen. Und es hängt mir langsam zum Hals heraus, sie so reden zu hören. Ich finde es dumm und blöd, und es interessiert mich überhaupt nicht."

„Gehen Sie zur Kirche?" fragte ich nun.

„Gelegentlich. Aber sie läßt mich kalt."

„Sind Sie Mitglied eines Vereins?"

„Nein, zum Teufel! Ich interessiere mich für nichts."

Er schien völlig interesselos, und er tat mir leid.

„Carl, glauben Sie an Gott?"

„Ja, gewiß."

„Was lehrt uns Jesus?"

„Nun, daß wir gut sein sollen", antwortete Carl unsicher.

„Das ist richtig. Aber haben Sie auch schon daran gedacht, daß Jesus auch Energie verkörpert, Tatkraft, Lebenskraft? Er ist das Leben, und durch Ihn finden auch Sie zum wahren Leben. Denken Sie stets an Gott und an Jesus Christus, und Sie werden Tatkraft und Begeisterung finden."

Zum ersten Mal begann der Mann Interesse zu zeigen. „Sie glauben das doch wirklich, nicht wahr?" fragte er. „Nun, es klingt vernünftig. Ich will es versuchen, wenn Sie mir dabei helfen."

„Wir wollen beten", schlug ich vor. „Was halten Sie davon?"

„Gerne. Vielleicht ist es das, was ich nötig habe." Ich betete, dann fragte ich Carl: „Wollen Sie Gott nicht selber um Beistand bitten?"

Leider erinnere ich mich nicht mehr wörtlich an Carls kurzes Gebet. Es lautete ungefähr so: „Herr, ich bin ein lahmer, unfähiger Mensch. Aber ich will ja gar nicht so sein, ganz gewiß nicht. Es macht mich krank, so zu sein. Ich bitte Dich, Herr, schenke mir neue Lebenskraft." Dann sah er mich an, und nach einer Weile sagte er: „Ich glaube, daß Gott mein Gebet erhören wird."

„Das glaube ich auch", stimmte ich bei, denn ich war überzeugt davon.

Bevor wir auseinandergingen, erzählte ich Carl noch etwas, das ich als junger Mann gehört und all die Jahre nicht vergessen hatte. Jemand hatte damals – es war von Charakterschwächen die Rede gewesen – gesagt: „An seiner schwächsten Stelle kann man am stärksten werden." Ich erinnerte mich, wie jener Mann zur Veranschaulichung auf das Schweißen hingewiesen hatte, wo zwei Metallstücke unter intensiver Hitze miteinander verschmolzen werden. Er versicherte, daß diese zusammengeschweißten Metallstücke, wollte man sie später wieder entzweibrechen, wahrscheinlich neben der Schweißstelle brechen würden, da diese selbst nun zur stärksten Stelle geworden sei.

„Das will ich mir merken", sagte Carl freudig, „denn Teilnahmslosigkeit ist bestimmt meine schwächste Stelle. Ich verspreche Ihnen, ich will Ihren Rat befolgen und versuchen, religiös geschweißt zu werden." Aber ich wollte ihm diese Aufgabe nicht allein überlassen und setzte mich mit einem Pfarrer in Carls Heimatstadt in Verbindung, den ich als tatkräftigen und begeisterten Gottesmann kannte. Er machte Carl mit einem Kreis von Geschäftsleuten bekannt, die in ihrem Leben alle ebenfalls eine große Wandlung durchgemacht hatten. In der positiven Atmosphäre dieses Kreises begann Carls Apathie bald zu schwinden. Die intensive Glut wahren Glaubens, aufrichtigen Gebets und freudiger Gelöstheit schweißte seine unsichere Persönlichkeit zusammen, so daß er tatsächlich an seiner schwächsten Stelle am stärksten wurde. Er wurde ein im wahrsten Sinn des Wortes dynamischer Mensch, der von Leben sprühte.

Er wurde ein aktives Mitglied seiner Gemeinde und trat einem Verein bei, der sich den Dienst an den Mitmenschen zur Aufgabe macht. Innerhalb von drei Jahren war er Präsident der örtlichen Handelskammer. In zehn Jahren leistete er mehr für seine Stadt als irgendeiner.

Auf Carls Verlangen hielt ich in seiner Heimatstadt einen Vortrag. Er holte mich auf dem Flugplatz ab.

Ich begrüßte ihn und sagte dann: „Carl, ich war ständig in Trab. Ich möchte erst mal ins Hotel gehen und mich etwas ausruhen."

„Ausruhen? Warum ausruhen? Wo bleiben Ihre Energie und Ihre Begeisterung, von denen Sie immer reden?"

„Na schön, vergessen wir das Hotel", gab ich nach. „Wohin gehen wir?" Er zeigte mir die ganze Stadt und machte mich mit vielen Leuten bekannt, und seine Begeisterung steckte mich so an, daß ich nicht mehr daran dachte, müde zu sein.

Carl ist nur einer der unzähligen Menschen, die ich im Laufe der Jahre sich so von Grund auf ändern sah. Und so wie er sind Hunderte von lustlosen, apathischen, kraftlosen Menschen irgendwann mit dem in Berührung gekommen, der sagte: „Ich bin gekommen, damit sie Leben und reiche Fülle haben."

Und diese Menschen wurden mit Tatkraft und Begeisterung erfüllt und waren nicht mehr die gleichen wie zuvor. Sie änderten sich durch und durch. Der neue Geist, von dem sie erfüllt waren, zeigte sich in ihrem Blick, ihrem Gang, ihrer ganzen Haltung. Und er zeigte sich auch in den erstaunlichen Erfolgen, die sie ihrer neugewonnenen Schaffenskraft verdankten. Das Neue Testament sagt, daß alle Dinge erneuert werden und daß alle Dinge dem möglich sind, der da glaubt.

Die andere Macht

In einem Büro hoch über der City saßen zwei Männer, die in ein ernstes Gespräch vertieft waren. Der eine, schwer bedrückt durch persönliche und geschäftliche Sorgen, stand immer wieder auf, durchmaß den Raum mit nervösen Schritten, ließ sich wieder in seinen Stuhl fallen, vergrub das Gesicht in den Händen und bot ein Bild vollkommener Hoffnungslosigkeit. Er hatte seinen Gesprächspartner aufgesucht, um bei ihm Rat zu holen, da dieser den Ruf eines verständigen und klugen Mannes genoß. Gemeinsam hatten sie das Problem angepackt und von den verschiedensten Seiten besprochen, doch ohne praktischen Erfolg. „Ich glaube, mir kann keine Macht der Welt mehr helfen", sagte der Besucher völlig entmutigt.

Der andere überlegte einen Augenblick und erwiderte dann sehr bestimmt: „So würde ich die Sache nicht betrachten. Ich glaube, daß *jedes Problem* gelöst werden kann, denn *es gibt eine Macht,* die dir helfen kann! – Warum versuchst du nicht zu *beten?"*

Der andere blickte etwas erstaunt auf, meinte dann aber: „Natürlich glaube ich an Gott und an Gebete, aber vielleicht weiß ich nicht, *wie* ich beten soll. Schließlich handelt es sich um rein praktische Fragen, und ich habe noch nie daran gedacht, sie in meine Gebete einzubeziehen. Ich will es aber gerne tun, wenn du mir den Weg zeigen kannst."

Der Mann lernte darauf, richtig zu beten, und die Dinge änderten sich augenblicklich. Er erhielt brauchbare Antworten für seine Probleme – was jedoch nicht heißen will, daß alle Schwierigkeiten mit einem Schlag aufgehört hätten! In Tat und Wahrheit hatte er eine sehr schwierige Zeit durchzumachen, aber er hatte die Zuversicht, sich aus seinen Sorgen herausarbeiten zu können. Heute ist er ein so begeisterter Anhänger der Macht des Gebets, daß er kürzlich sagte: *Jedes Problem kann gelöst und gut gelöst werden, wenn man richtig betet.*"

Bekannte Seelenärzte kennen die Macht des Gebets. Spannungen und Schwierigkeiten im Umgang mit den Nächsten deuten meistens auf einen *Mangel an innerer Harmonie,* und es ist immer wieder erstaunlich festzustellen, wie Gebete die harmonischen Funktionen von Körper und Seele fördern.

Einer meiner Freunde, ein Masseur, sagte einem hypernervösen Patienten, den er behandelte: „Ich versuche, Ihrem Körper Ruhe und Entspannung zu geben, da ich aber *nur äußerlich* wirken kann, sollten Sie Gott darum bitten, Ihnen auch die Gnade innerer Entspannung zu schenken."

Der Gedanke schien dem Patienten neu, doch er versuchte es und war höchst erstaunt über den wohltuenden Einfluß auf seinen Gemütszustand.

Jack Smith, der einen bekannten „Gesundheitsklub" leitet und mit vielen prominenten Leuten zusammenkommt, glaubt ebenfalls an die Heilkraft des Gebets und weiß sie auch anzuwenden. Er sagte mir, er versuchte bei körperlichen Entspannungsübungen stets auch *eine geistige Entspannung* herbeizuführen, denn *es gibt keine körperliche Gesundheit ohne geistige Gesundung.*

Eines Tages meldete sich ein bekannter Schauspieler bei Jack Smith und bemerkte über seinem Pult eine Reihe ihm unverständlicher Buchstaben. Die Aufschrift lautete:

G B E K D D P E E W

„Was soll das heißen?" fragte der Schauspieler. Smith lachte und sagte: „Die Buchstaben stehen da für: *Gläubiges Beten erzeugt Kräfte, durch die positive Ergebnisse erzielt werden!*"

Der andere machte ein verdutztes Gesicht und sagte: „So etwas habe ich noch nie in einem Gymnastikklub gesehen."

„Ich habe diese Buchstaben hingeschrieben, um meine Klienten neugierig zu machen. Wenn sie mich fragen, was die Aufschrift bedeutet, finde ich Gelegenheit, ihnen zu sagen, daß ich an die Kraft des Gebets glaube."

Jack Smith, der es versteht, Menschen *körperlich* auf der Höhe zu halten, ist davon überzeugt, daß Gebete ebenso wichtig sind wie irgendein körperliches Training, Dampfbäder, Massage usw. Er betrachtete das Gebet als äußerst bedeutungsvoll bei der Erneuerung unserer Kräfte.

Ein berühmter Psychologe sagt: „Gebete sind die größte Macht, die bei der Lösung persönlicher Probleme eingesetzt werden kann. Ihre Wirkung hat mich immer wieder in Erstaunen versetzt."

Dei Kraft des Gebets legt Energien frei. *Genauso wie es eine wissenschaftliche Methode gibt, Atomkräfte freizulegen, gibt es wissenschaftliche Methoden zur Entfaltung geistiger Kräfte.* Dafür gibt es erstaunliche Erfahrungstatsachen.

Die Kraft des Gebets kann sogar den Prozeß des Alterns normalisieren und seinen Folgen vorbeugen oder sie zum mindesten stark einschränken. Die zunehmenden Jahre brauchen uns keineswegs Energie und Tatkraft zu rauben, und es besteht kein Grund für ein Nachlassen unserer geistigen Fähigkeiten. Richtige Gebete können uns jeden Abend neue Stärkung bringen und uns für den kommenden Tag neue Vitalität geben. Wir können durch rechtes Beten auch *wahre höhere Führung* in allen entscheidenden Lebensfragen erlangen, und wenn wir lernen, unsere Gebete *tief in unser Unterbewußtsein eindringen* zu lassen, können sie unser Leben von Grund auf neu gestalten.

Wer die Macht des Gebets nie an sich selber erfahren hat, muß *lernen, richtig zu beten.* Es ist durchaus in Ordnung, wenn wir ein Gebet nach seiner Wirkung beurteilen. Jedes Gebet hat zweifellos gute Wirkungen, doch wie jede geistige Tätigkeit kann auch das Gebet erneuert und von stereotypen Formen befreit werden. Neue Gebete bringen neue Gesichtspunkte, zeigen uns neue Wege und zeitigen größere Wirkungen.

Einer meiner Bekannten eröffnete vor mehreren Jahren in New York City ein kleines Geschäft. Mit einem einzigen

Angestellten arbeitete er sich empor, und nach einigen Jahren bezog er ein größeres Lokal in einem besseren Geschäftsviertel. Sein Geschäft entwickelte sich außerordentlich zufriedenstellend.

Dieser Geschäftsmann hat einen einfachen Grundsatz aufgestellt, um Schwierigkeiten durch die Kraft des Gebets zu überwinden. Es mag eigenartig klingen, doch ich habe ihn selbst mehrfach angewandt und weiß, daß er richtig ist. Ich habe ihn auch vielen Menschen angeraten, die damit ebenfalls die besten Ergebnisse erzielten. Der Grundsatz lautet:

Bitten – erschauen – verwirklichen

Mit „bitten" meint mein Freund tägliche, gläubige und schöpferische Gebete. Wenn ein Problem auftauchte, besprach er es einfach und direkt mit Gott in seinen Gebeten. Er sprach aber nicht mit Gott als irgendeiner fernen, unerkennbaren Macht, sondern er war fest davon überzeugt, Gott sei allgegenwärtig, sowohl in seinem Büro wie in seinem Heim, auf der Straße und im Auto. Er nahm den biblischen Hinweis auf das „unaufhörliche Gebet" ernst und interpretierte ihn dahin, täglich auf natürliche Art und weise alle Probleme des Lebens mit Gott zu besprechen. Die ständige Gegenwart Gottes durchdrang sein *Bewußtsein und auch sein Unterbewußtsein*. Er „lebte im Gebet". Nicht etwa durch irgendwelche äußerlich sichtbare Betonung des Gebets, sondern indem er immer wieder Gott fragte: „Wie soll ich hier entscheiden? Was soll ich tun?" Und die fortwährende Bitte um höhere Führung, um neue Einsichten und Erkenntnisse gab ihm Klarheit.

Die zweite Stufe oder Phase des schöpferischen Gebets ist das *Erstaunen.* Wer Erfolg ständig erwartet, wird auch Erfolg haben. Wer ständig in der Erwartung von Mißerfolgen verharrt, wird sie auch erleiden müssen. Sowohl Erfolg als auch Mißerfolg haben die Tendenz, sich je nach der Stärke des geistigen Bildes, das wir uns von ihnen machen, zu verwirklichen.

Um etwas zu verwirklichen, ist es notwendig, *Wunsch und Ziel Gott zu unterbreiten,* dafür zu beten und zu prüfen, ob wir Gottes Segen dafür erbitten dürfen. Unser Vorhaben muß also gut sein! Wenn wir davon überzeugt sind, gilt es, *ein geistiges Bild von unserem Ziel zu gewinnen;* wir müssen es *erschauen* und eine lebhafte Vorstellung in uns aufnehmen. Dieses geistige Bild müssen wir in unserem Gedächtnis festhalten und es immer wieder von neuem erschauen. Wir müssen unser Ziel in Gottes Hände geben und den Weg Gottes Führung überlassen. Wir selbst aber müssen hart und mit dem ganzen Einsatz unserer Fähigkeiten für unser Ziel arbeiten und mit unseren Gaben redlich das Unsere zu seiner Verwirklichung beitragen.

Glaube und Vorstellung müssen unentwegt lebendig erhalten werden. Wer sich daran hält, wird erstaunt sein, auf welch seltsamen Wegen sich manchmal unsere Ziele verwirklichen und wie sich langsam das erschaute Bild in die Realität umwandelt. *Mit Gottes Hilfe und mit unserem eigenen Beitrag gelingt es, die gläubig erschauten Ziele unseres Strebens zu verwirklichen.*

Ich habe diese Tatsachen selbst erfahren, ebenso viele andere Menschen, und die schöpferische Wirkung des Gebets wurde hundertfach erprobt. Zum Beispiel bemerkte eine Ehefrau, wie sich ihr Mann langsam von ihr entfremdete. Nach einer glücklichen Heirat hatte sie sich stark von sozialen Institutionen einspannen lassen, während ihr Mann von seiner beruflichen Arbeit immer mehr beansprucht wurde. Bevor sie es selber merkten, war die ehemals so glückliche Gemeinschaft verlorengegangen. Eines Tages entdeckte die Gattin das Interesse ihres Mannes für eine andere Frau. Sie verlor den Kopf und geriet in einen Zustand der Aufregung und Hysterie. Im Gespräch mit ihrem Seelsorger, der ihr riet, zuerst den Fehler bei sich selbst zu suchen, entdeckte sie, welch unsorgfältige Hausfrau sie geworden war und wie sie in vielen Dingen ihrem Egoismus freien Lauf gelassen hatte. Sie mußte sich auch vorwerfen, oft unerfreulich und nörglerisch gewesen zu sein. Im Gespräch zeigte sich, daß die Frau gegenüber ihrem Gatten stets ein Gefühl der Unterlegenheit empfunden hatte. Sie fühlte sich unfähig, geistig und gesellschaftlich seinen Stand einzunehmen – und so hatte sie sich immer mehr in eine eigene Welt zurückgezogen, und ihre Minderwertigkeitsgefühle hatten ihren Ausdruck in einem unzufriedenen, kleinlichen Wesen gefunden.

Der Seelsorger fand bald heraus, daß die Frau über mehr Fähigkeiten, Talente und Charme verfügte, als ihr selber bewußt war. Er machte ihr begreiflich, daß sich Schönheit von innen her und natürliche Anmut von selber einstellen, wenn die richtige innere Haltung und Harmonie errungen sind. Er lehrte sie richtig beten, um ein geistiges Bild von sich selbst zu gewinnen, mit andern Worten, *das zu erschauen,* was sie verloren hatte: die glückliche und harmonische Übereinstimmung mit ihrem Ehegatten. Er lehrte sie, dieses Bild sich vertrauensvoll vorzustellen, und half dadurch der Frau auf eine höchst lehrreiche Weise, eigene Unzulänglichkeiten zu überwinden.

In diesen Tagen sprach ihr Mann den Wunsch nach einer Scheidung aus. Sie hatte sich aber bereits so fest in der Hand, daß es ihr gelang, die niederschmetternde Nachricht mit Ruhe aufzunehmen. Sie antwortete, sie sei mit einer Scheidung einverstanden, doch da es sich um eine schwere und endgültige Entscheidung handle, schlage sie eine Frist von drei Monaten bis zur endgültigen Trennung vor. „Wenn du nach diesen 90 Tagen immer noch entschlossen bist zu scheiden, werde ich mich nicht widersetzen."

Die Frau sagte diese Worte ruhig und ohne Bitterkeit. Der Mann blickte sie erstaunt an, denn er hatte mit einem Gefühlsausbruch gerechnet.

Abend für Abend ging er aus, und Abend für Abend saß die Frau zu Hause, aber sie ließ nicht nach in den geistigen Bemühungen, sich ihren Mann an seinem Platz im Fauteuil im Wohnzimmer vorzustellen. Wohl war der Stuhl leer, doch mit ihrer ganzen Vorstellungskraft malte sie ein Bild aus früheren Tagen in den Raum: wie sie harmonisch am Abend zusammensaßen, ein Buch lasen oder sich unterhielten. Sie stellte sich ihren Mann vor, wie er früher während seiner Freizeit irgend etwas im Haus reparierte oder bemalt hatte, ja sie sah ihn sogar in der Küche beim Geschirrabtrocknen! Sie dachte bildhaft an jene Zeit, da sie beide miteinander Tennis gespielt oder ausgedehnte Spaziergänge gemacht hatten.

All diese Bilder hielt sie mit gläubigem Vertrauen in ihrem Geiste fest, und eines Abends saß ihr Mann tatsächlich wieder in seinem Fauteuil und las die Zeitung. Sie schaute zweimal hin, um sicher zu sein, daß es sich um Wirklichkeit und nicht um Vorstellung handle, doch es *war* Wirklichkeit. Die Vorstellung hatte sich in Realität umgesetzt. Manchmal ging er wieder aus, doch die Abende, da er zu Hause blieb, mehrten sich, und eines Tages las er ihr etwas aus der Zeitung vor, wie in den alten, guten Tagen ihrer Ehe. An einem sonnigen Samstagnachmittag fragte er sie unvermittelt: „Wie wäre es mit einer Partie Tennis?" Die Wochen verstrichen, und ihr kam zum Bewußtsein, daß der 90. Tag angebrochen war. Am Abend sagte sie ruhig: „Bill, wir sind beim neunzigsten Tag angelangt."

„Was meinst du mit dem neunzigsten Tag?" fragte er erstaunt.

„Erinnerst du dich nicht? Wir hatten abgemacht, die Scheidung um neunzig Tage hinauszuschieben – und nun ist es soweit."

Er blickte sie einen Augenblick lang groß an, wandte ein Blatt seiner Zeitung um, versteckte sich dahinter und sagte: „Dummes Zeug! Ich wäre doch verloren ohne dich! Wie kommst du überhaupt auf die absurde Idee, ich könnte dich jemals verlassen?"

Die Geisteshaltung der Frau hatte einen erstaunlichen Erfolg davongetragen. Sie *bat, erschaute* – und das Bild ihrer gläubigen und vertrauenden Vorstellung wurde Wirklichkeit. Die Macht des Gebets hatte sowohl ihr Problem wie auch das ihres Gatten gelöst.

Ich kenne viele Menschen, die mit dieser Haltung und mit dieser Erkenntnis nicht nur persönliche Fragen, sondern auch berufliche Probleme erfolgreich gemeistert haben. Wer diese innere Bereitschaft gläubig, vertrauend und unter dem Einsatz aller seiner Fähigkeiten und seiner Intelligenz in die Lebensprobleme hineinträgt, wird erstaunliche Ergebnisse erzielen.

Am Bankett einer Industriellen-Vereinigung saß ich neben einem mir unbekannten, etwas grobschlächtigen, aber nicht unsympathischen Mann. Die Nachbarschaft eines Pfarrers schien ihm offensichtlich wenig zu behagen, und im Laufe des Gesprächs gab er sich alle erdenkliche Mühe, theologische Probleme anzuschneiden, doch mit wenig Erfolg. Ich gab ihm zu verstehen, mir seien verschiedene Einwände gegen die Kirche seit langem bekannt. Dann erfuhr ich, er habe in seiner Jugend oft die Kirche besucht, und schließlich erzählte er mir die gleiche Geschichte, die ich schon hundertfach hatte anhören müssen. „Als Knabe zwang mich mein Vater, die Sonntagsschule und den Gottesdienst zu besuchen, und man stopfte mir mit ‚Religion' den Kopf voll. Als ich dann erwachsen war, hatte ich so genug davon, daß ich seither nur höchst selten eine Kirche aufgesucht habe." Schließlich bemerkte er: „Vielleicht werde ich wieder in die Kirche gehen, wenn ich einmal alt geworden bin."

Ich machte ihn darauf aufmerksam, er werde vielleicht dann Mühe haben, einen Platz zu finden. Dies erstaunte ihn sehr, denn er war der Meinung, „fast niemand besuche mehr die Kirche". Ich klärte ihn auf, daß in Amerika jede Woche mehr Menschen die Kirche besuchen als irgendeine andere Institution.

Diese Tatsache erstaunte ihn wiederum sehr. Er mußte auch hören, daß alljährlich unzählige religiöse Bücher verkauft würden, weit mehr als jede andere Art von Büchern. Und in seiner etwas primitiven Ausdrucksweise meinte er: „Mag sein, daß die Kirche wieder langsam Trumpf wird."

In diesem Moment kam ein anderer Teilnehmer am Bankett an unseren Tisch und erzählte mir in begeisterten Worten, er habe „etwas ganz Wunderbares" erlebt. Seit langem habe er unter schweren Depressionen gelitten und mit großen Schwierigkeiten zu kämpfen gehabt. Da habe er sich entschlossen, seine Arbeit eine Woche ruhen zu lassen, um sich zu entspannen und auf sich selber zu besinnen. Bei dieser Gelegenheit hätte er mein Buch „Das Ja zum Leben"* gelesen und sich in seine praktischen Grundsätze eingearbeitet. Dadurch habe er seine innere Ruhe wiedergefunden und sich auf seine wahren Fähigkeiten besonnen. Er gewann die feste Überzeugung, alle Schwierigkeiten mit der gläubigen und praktischen Anwendung religiöser Grundsätze meistern zu können. Er erzählte uns, wie er sich langsam innerlich beruhigt und wieder einen gesunden Schlaf gefunden habe. „Mir war, als hätte ich eine heilende Arznei eingenommen", sagte er, „so sehr hat mich die Umstellung meiner Geisteshaltung verändert."

---

* Oesch Verlag, Zürich

Als er uns wieder verlassen hatte, sagte mein Tischge-
nosse: „Ich habe noch nie so etwas gehört. Dieser Mann
spricht von Religion wie von einer glückbringenden und
praktischen Angelegenheit. Das alles ist mir vollkommen
neu und ungewohnt. Ich erhielt den Eindruck, er spreche
von einer geradezu praktisch anwendbaren Methode, die in
allen Lebensfragen angewandt werden könne. Ich habe
noch nie daran gedacht, Religion in eine solche Beziehung
zum praktischen Leben zu bringen." Und nach einer kleinen Pause sagte er: „Wissen Sie, was mich am meisten erstaunte? – der gläubige und begeisterte Ausdruck seines Ge-
sichtes!"

In diesem Augenblick bemerkte ich, wie ein ähnlicher
Ausdruck auch das Gesicht meines Tischnachbarn veränderte. Es war ganz offenkundig, ihm war ein Licht aufge-
gangen. Er sah plötzlich den Glauben nicht mehr als etwas
Weltfremdes und „gut genug für Kinder und alte Leute" an,
sondern als etwas Lebendiges, Kraftvolles und dem täglichen Leben Verbundenes. Zum erstenmal im Leben wurde
ihm klar, daß die innere Bereitschaft und Geisteshaltung eines Menschen keine Illusionen, sondern Realität sind.

Persönlich glaube ich, daß jedes Gebet gewisse Strahlen
und Kräfte aussendet, von einem Menschen zum andern
und zu Gott. Das ganze Universum ist durchwoben von
Strahlungen und Schwingungen. Jedes Stück Holz hat seine
Ausstrahlung, und die Luft ist erfüllt davon. Wenn wir für
einen andern Menschen beten, rufen wir geistige Kräfte her-
bei. Wir übermitteln ihm eine Botschaft der Liebe, der Hilfs-
bereitschaft, der Unterstützung – und dadurch werden uni-

verselle Kräfte und Strömungen frei, durch die Gott die Entfaltung des *Guten* erwirkt.

Wer diese Grundsätze ins praktische Leben überträgt, wird sich ihrer lebendigen Wahrheit nicht verschließen können. Ich habe zum Beispiel die Gewohnheit, für irgendwelche Menschen zu beten, denen ich begegne.

Ich erinnere mich an eine Reise durch West-Viginia. Im selben Augenblick, da ich auf dem Bahnsteig einen Fremden erblickte, fuhr der Zug an, und so entschwand er meinen Blicken. Es war mir bewußt, diesen Menschen zum erstenmal im Leben gesehen zu haben und ihn wahrscheinlich nie mehr zu sehen. Sein und mein Leben berührten sich für die Spanne eines kurzen Augenblicks. Er ging seiner Wege, und ich ging meiner. Und ich fragte mich, was wohl aus ihm werde.

Dann sprach ich für ihn ein kurzes Gebet. Ich bat Gott, er möge ihm seinen Segen erteilen und ihn auf seinen Wegen führen und begleiten. Und später begann ich für andere Menschen, die mir vom Zug aus zu Gesicht kamen, zu beten. Ich betete für einen Bauern auf dem Feld und bat Gott, ihm eine gute Ernte zu schenken. Ich sah eine Mutter beim Wäscheaufhängen, und die lange Leine mit Kinderwäsche zeigte mir, daß sie eine große Familie zu betreuen habe. Ihr Gesichtsausdruck und die Art und Weise, wie sie ihre Arbeit anpackte, sprachen für eine gesunde und glückliche Frau. Ich bat Gott, ihr ein glückliches Leben, einen guten Ehemann, eine harmonische Ehe und gesunde Kinder zu schenken. An einer Station sah ich einen Mann, der halb schlafend an einer Mauer lehnte. Ich bat Gott, ihn aufwachen zu lassen und ihm den Segen einer sinnvollen Arbeit zu vermitteln.

Bei einer andern Station begegnete mir ein äußert liebenswerter Junge. Ein Hosenbein war länger als das andere, sein Pullover viel zu groß, die Haare waren zerzaust, und das Gesicht war schmutzig. Er beschäftigte sich auffällig mit einem Kaugummi ...

Ich betete auch für ihn – und als der Zug wieder anfuhr, blickte er auf und schenkte mir ein freundliches Lächeln. Ich wußte, daß mein Gebet ihn erreicht hatte, winkte ihm zu, und er winkte zurück. Ich werde diesen Jungen vermutlich nie wieder sehen, doch unsere Existenzen haben sich berührt. Irgendwie wurde im Herzen des Jungen ein Licht angezündet, ein Licht, das sich nur allzudeutlich auf seinem Gesicht widerspiegelt hatte. Auch ich fühlte mich zufrieden und glücklich. Der Strom guter Gedanken, den mein Gebet ausgelöst hatte, war von Gott zu dem Jungen und zu mir geflossen, und wir beide standen unter dem wohltätigen Einfluß der Macht des Gebets.

Eine große Bedeutung des Gebets liegt in seiner Fähigkeit, *schöpferische Ideen* hervorzubringen. In unserem Geist schlummern alle Quellen und Kräfte, die nötig sind, unser Leben erfolgreich zu gestalten. Es gilt nur, sie freizumachen und zur positiven Entfaltung zu bringen. Wenn das Neue Testament sagt: „Denn sehet, das Reich Gottes ist inwendig in euch", so will dies heißen, daß der Schöpfer uns mit allem versehen hat, was zu einem konstruktiven und schöpferischen Leben nötig ist. Es erinnert uns daran, diese Gaben zu entdecken und ihnen zum Durchbruch zu verhelfen.

Einer meiner Bekannten hat in einem großen Betrieb eine wichtige Stellung. Er ist mit der Führung von vier Betriebschefs betraut. Diese Männer treffen sich bei regelmäßigen Zusammenkünften, die sie als „Ideen-Konferenz" bezeichnen. Ihr Zweck ist, möglichst viele schlummernde Ideen aufzuwecken und zur Diskussion zu stellen. Für diese Konferenz wird ein Raum benützt, der weder Telefon noch Sprechanlage oder irgendwelche Büroeinrichtungen hat und durch wirksame Isolierungen vom Außenlärm gut abgeschlossen ist.

Bevor die Konferenz beginnt, verharren die Männer zehn Minuten in stiller Meditation. Der Geist arbeitet schöpferisch in ihnen, und jeder bittet darum, Gott möge ihm diejenigen Gedanken geben, die für die erfolgreiche Weiterführung seiner Arbeit notwendig sind.

Später beginnt die Aussprache. Jeder berichtet über seine Gedanken und Anregungen. Diese werden in kurzen Stichworten auf Notizblätter geschrieben und in die Mitte des Tisches gelegt. Keiner darf die Ideen des andern in irgendeiner Form kritisieren, denn jedes Argumentieren würde nur den freigewordenen Strom schöpferischer Ideen unterbrechen. Die Notizblätter werden eingesammelt, und erst bei einer späteren Zusammenkunft werden die brauchbaren Ideen besprochen. Diese Konferenz dient ausschließlich der Freiwerdung schöpferischer Ideen, angeregt durch die Kraft der Meditation.

Als die Männer mit diesen „Ideen-Konferenzen" begannen, erzielten sie zuerst einen hohen Prozentsatz unbrauchbarer Ideen, doch je mehr sie sich darin übten und ihre Meditation vertieften, um so größer wurde die Anzahl guter und brauchbarer Gedanken. Heute stammen die meisten der Anregungen, die sich später praktisch bewährten, aus diesen „Ideen-Konferenzen".

Einer der Männer sagte darüber: „Wir haben dadurch Einsichten und Erkenntnisse gewonnen, die sich nicht bloß auf unserer Leistungskurve abzeichnen, sondern ihren Ausdruck auch in einer neu gewonnenen inneren Sicherheit finden. Noch mehr: wir wurden erfüllt von einem tiefen Gefühl der Zusammengehörigkeit und der Kameradschaft, und dies erzeugte einen Teamgeist, der sich auch auf die Belegschaft des Betriebes übertragen hat."

Nur altmodische Kaufleute sind der Ansicht, Religion sei reine Theorie, und es sei dafür kein Platz im Geschäftsleben. Heute wird jeder erfolgreiche und tüchtige Geschäftsmann die besten, neuesten und erfolgreichsten Methoden in der Produktion, im Vertrieb und in der Verwaltung anwenden, und viele haben entdeckt, daß das beste Mittel für eine erfolgreiche berufliche Arbeit in der Macht des Gebets liegt.

Aufgeschlossene Menschen aus allen Kreisen haben herausgefunden, daß die praktische Anwendung des Gebets im täglichen Leben unerhörte Kraftquellen freimacht: *sie arbeiten* besser, sie *fühlen* sich besser, sie *entscheiden* besser, sie *schlafen* besser und sie *handeln* besser.

Mein Freund Grove Patterson, der Herausgeber einer bedeutenden Zeitung, ist ein Mann von bemerkenswerter Vitalität. Er behauptet, seine unerschöpfliche Energie stamme zum größten Teil aus der Art und Weise, wie er zu beten gelernt habe. „Meistens", so erzählte er mir, „schlafe ich beim Beten ein. Ich glaube, daß mein Unterbewußtsein in diesem Zustand der größtmöglichen Entspannung besonders aufnahmebereit ist, und ich glaube auch, daß unser ganzes Dasein äußerst stark vom Unterbewußtsein beeinflußt wird. Wenn wir in diesem Augenblick der Entspannung ein Gebet in unser Unterbewußtsein ‚fallen lassen', wird es von größter Wirkung sein." Mein Freund lächelte, als er sagte: „Zuerst schämte ich mich ein wenig, beim Beten eingeschlafen zu sein, doch heute wünsche ich mir nichts Besseres!"

Ich bin in meinem Leben mit vielen Möglichkeiten des Gebets bekannt geworden. Eine der wirkungsvollsten fand ich in einem Buch Frank Laubachs. Dr. Laubach ist überzeugt, jedes Gebet habe eine unmittelbare Kraft und Wirkung. Er erzählt zum Beispiel, wie er oft durch die Straßen gehe und Gebete auf Menschen „werfe", die ihm begegnen. Irgendeinem Menschen sendet er seine guten Gedanken, Gedanken guten Willens und der Sympathie. Und sehr oft komme es vor, daß sich solche Menschen nach ihm umdrehen und ihn anlächeln. Sie haben die unwiderstehliche Macht des Gebets gespürt wie einen elektrischen Strom.

Fährt Dr. Laubach in der Straßenbahn, so betet er für seine Mitreisenden. Einmal saß er hinter einem Mann, der einen sehr bedrückten Eindruck machte. Laubach hatte sein Gesicht gesehen, als er den Wagen betrat, und er sandte ihm Gedanken der Zuversicht und des Vertrauens zu. Er umgab ihn mit der ganzen Kraft eines gläubigen Vertrauens und bat Gott, ihn von seiner Schwermut zu befreien. Plötzlich griff der Mann mit der Hand an seinen Hinterkopf, und als er etwas später ausstieg, war der düstere Ausdruck seines Gesichts verschwunden, und ein Lächeln stand auf seinem Antlitz.

Dr. Laubach weiß, wie oft es ihm gelungen ist, die Atmosphäre eines Eisenbahnwagens zu verändern, indem er sie mit Gedanken des Wohlwollens und der Zuversicht erfüllte.

In einem Autobus befand sich ein angetrunkener Mann, der sich unanständig und grobschlächtig benahm und sich über die andern Passagiere lustig machte. Ich spürte, wie ihm jedermann mit Abneigung begegnete, und ich beschloß, Frank Laubachs Methode anzuwenden. In meinem Gebet appellierte ich an sein besseres Ich und versuchte, ihm mit freundlichen Gedanken nahezukommen. Plötzlich, ohne sichtbaren Grund, drehte sich der Betrunkene nach mir um, lächelte mich entwaffnend an und winkte mir mit der Hand zu. Seine Aufdringlichkeit hörte auf, und er beruhigte sich. Ich habe allen Grund zu glauben, daß mein Gebet ihn erreichte und günstig beeinflußte.

Wenn ich irgendwo eine Rede halten muß, pflege ich kurz vorher für meine Zuhörer zu beten und ihnen gute und freundliche Gedanken zu senden. Manchmal greife ich einen Zuhörer, der ein besonders deprimiertes oder mißmutiges Gesicht macht, heraus und denke mit besonderem Nachdruck an ihn. Als ich einmal am Kongreß einer Handelskammer sprechen mußte, bemerkte ich unter den Zuhörern einen Mann, der mich mit unverhohlener Abneigung anblickte. Vielleicht war es ein Zufall und ohne direkte Beziehung zu mir, doch bevor ich meine Ansprache begann, sandte ich ihm einige gute Gedanken und ein kurzes Gebet. Selbst als ich sprach, dachte ich mehrmals an ihn.

Nach meinem Vortrag traf ich mehrere Bekannte, die mich begrüßten und mit denen ich einige Worte wechselte. Plötzlich reichte mir jemand die Hand und schüttelte sie mit aller Kraft. Vor mir stand mein mißmutiger Zuhörer. „Offen gesagt, ich hatte nicht die geringsten Sympathien für Sie, als ich an den Kongreß kam", sage er. „Ich sah nicht ein, was ein Pfarrer bei einer Handelskammer zu suchen hat, und ich hoffte, Ihre Rede würde mit einem Mißerfolg enden. Doch während Sie sprachen, wurde ich irgendwie von einem Gefühl der Ruhe und des Friedens erfaßt. Sie haben mich überzeugt – und Ihre Rede hat mir gefallen!"

Nicht meine Ansprache, sondern mein Gebet und die Kraft und Sicherheit, die ich dadurch erhielt, haben diese Wirkung hervorgerufen. Stellen wir uns vor, das menschliche Gehirn besitze Millionen von winzigen Batterien und sei fähig, mittels unserer Gedanken Kraftströme auszusenden. Die magnetische Kraft des menschlichen Körpers ist keine Einbildung, sondern eine heute meßbare, wissenschaftliche Tatsache. Wenn wir diese „Sendestationen" in Funktion setzen, kann sehr wohl ein Gedankenstrom zwischen zwei Menschen entstehen.

Unter meinen Mitarbeitern war ein Alkoholiker, der während sechs Monaten keinen Tropfen mehr angerührt hatte. Er befand sich auf einer beruflichen Reise, als ich plötzlich an einem Dienstagnachmittag um 4 Uhr den bestimmten Eindruck hatte, er befände sich in Schwierigkeiten. Seine Persönlichkeit erfüllte meine Gedanken dominierend, so daß ich meine Arbeit niederlegte, um für ihn zu beten. Ungefähr eine halbe Stunde verweilte ich in Gedanken bei ihm, dann spürte ich, wie der starke Eindruck nachließ.

Einige Tage später rief er mich an. „Ich war die ganze Woche in Boston – und ich habe weiter durchgehalten, doch Anfang der Woche hatte ich eine böse Zeit."

„War das Dienstag um 4 Uhr?" fragte ich ihn. Erstaunt sagte er: „Wieso? Ja, gewiß, wer hat Ihnen das erzählt?"

„Niemand – wenigstens kein Mensch …", gab ich zur Antwort, und ich beschrieb ihm mein eigenartiges Gefühl um jene Zeit und erzählte, daß ich eine halbe Stunde für ihn gebetet habe. Er berichtete mir, er sei im Hotel in die Bar geraten und habe dort einen erbitterten Kampf mit sich selber und dem Wunsche, Alkohol zu trinken, auszufechten gehabt. „Ich habe an Sie gedacht, denn ich brauchte dringend einen Beistand – und habe Gott um Hilfe angerufen."

Dieser Ruf hat mich erreicht. Unsere gemeinsamen Gebete aber erreichten Gott, und mein Freund erhielt Kraft und Stärke, um die Krisis zu überwinden.

Eine jungverheiratete Frau gestand mir, ihre Gedanken seien oft mit Abneigung, Eifersucht, Neid und Haß gegen ihre Nachbarn und Bekannten erfüllt. Sie befand sich auch in einem andauernden Zustand der Angst, ihren Kindern könnte irgend etwas zustoßen, sei es ein Unfall, eine Krankheit oder irgendein Mißerfolg. Ihr Leben war eine unerfreuliche Mischung von Unzufriedenheit, Angst, Neid und Unglück.

Ich fragte sie, ob sie auch bete. „Nur wenn ich vor lauter Verzweiflung nicht mehr aus noch ein weiß, doch ich muß zugeben, daß mir Gebete nichts sagen."

Ich erklärte ihr, wie aufrichtige Gebete ihr ganzes Leben verändern könnten, und gab ihr einige Anleitung in der Konzentration positiver Gedanken und lehrte sie, anstatt negative, häßliche Gedanken solche des Vertrauens und der Zuversicht zu pflegen. Ich schlug ihr vor, jeden Tag zu beten und mit Vertrauen Gottes Hilfe zu erwarten. Das gläubige, schöpferische Gebet hat ihrem Leben einen neuen Inhalt gegeben, was im folgenden Brief zum Ausdruck kommt, den ich kürzlich von ihr erhielt:

„Mein Mann und ich haben in den letzten Wochen gewaltige Fortschritte gemacht. Der entscheidende Wendepunkt kam an jenem Tag, als Sie mir sagten: ‚Jeder Tag ist ein guter Tag, wenn wir beten!' – Jeden Morgen begann ich mit positiven Gedanken an den kommenden Tag. Ich vertraute darauf, daß es ein *guter* Tag sein würde, und ich kann mit Nachdruck sagen, daß ich seither keinen einzigen schlechten oder ärgerlichen Tag hatte. Das Erstaunliche liegt darin, daß mein Leben seither nicht etwa leichter oder frei von den üblichen Unannehmlichkeiten geworden ist, doch die kleinen Widerwärtigkeiten des Alltags haben ihre Macht verloren; sie vermögen nicht mehr, mich aus der Fassung zu bringen. Jeden Morgen denke ich an die vielen kleinen Dinge, für die ich dankbar sein darf, und diese Haltung brachte mich dazu, *mich über die positiven Dinge zu freuen und die negativen zu vergessen.* Die Tatsache allein, daß ich seit sechs Wochen keinen schlechten Tag hatte und mich mit niemandem gezankt habe, ist für mich schon ein Wunder."

Diese Frau hat durch ihre positiven Gebete etwas erreicht, was jedem von uns gelingen kann. Die folgenden zehn Grundsätze können viel dazu beitragen:

1. Entspanne dich jeden Tag einige Minuten. Pflege der Ruhe und richte einfach deine Gedanken auf Gott. Dadurch wird dein Gemüt fähig, neue Kräfte zu empfangen.

2. Bete wenn möglich hörbar. Benütze einfache Worte. Erzähle Gott alles, was dich beschäftigt. Du brauchst keine stereotypen Phrasen zu benützen. Sprich zu Gott in deiner eigenen Sprache. Er versteht dich.

3. Bete überall – bei deiner Arbeit, in der Eisenbahn –, schließe für einen Moment die Augen, um die Welt auszuschalten und dich an Gottes Gegenwart zu erinnern. Je öfter du es tust, um so näher wird dir Gott kommen.

4. Verlange nicht immer etwas in deinen Gebeten; bitte einfach um den Segen des Allmächtigen. Sei dankbar!

5. Bete mit dem festen Glauben, daß aufrichtige Gedanken *eine reale Kraft* sind und unsere Lieben mit dem Schutz Gottes umgehen können.

6. Lasse nie einen negativen Gedanken in deine Gebete kommen, nur bejahende Gedanken erzeugen positive Wirkungen.

7. Sei immer bereit, Gottes Willen anzunehmen. Sage ihm, was du erstrebst und was deine Wünsche sind, doch nimm seinen Willen ohne zu murren an.

8. Gewöhne dich daran, alles in Gottes Hände zu legen. Bitte um die Fähigkeit, dein Bestes zu geben; den Rest aber überlasse vertrauend einer höheren Macht.

9. Bete auch für Menschen, die du nicht liebst und die dir Unangenehmes zugefügt haben. *Ressentiments sind die schwersten Hindernisse bei der Entfaltung geistiger Kräfte.*

10. Je mehr du für andere Menschen betest, speziell auch für solche, die keine Verbindung mit dir haben, um so größer wird der Segen sein, der auf dich zurückstrahlt.

Biographische Notiz

Dr. Norman Vincent Peale wurde 1898 in Bowersville, Ohio (USA), als Sohn einer methodistischen Pastorenfamilie geboren. Peale wuchs in ärmlichen ländlichen Verhältnissen auf und verbrachte eine behütete und fröhliche Jugendzeit. Ab 1916 Studium der Theologie an der Ohio Wesleyan University und an der Boston University. 1922 Pastorenweihe, Prediger an der Methodistenkirche in Berkeley, Rhode Island. Studienabschluß 1924 in Boston (Master of Arts; Bachelor of Sacred Theology).

1924 bis 1927 Pastor an Methodistenkirchen in Brooklyn und in Syracuse, dazwischen Gastprediger in Los Angeles. 1930 Heirat mit Ruth Stafford in Syracuse. Seit 1932 Pfarrer an der reformierten Marble Collegiate Church, New York, einer der ältesten Kirchen Amerikas, die er zu neuer Blüte führte.

In New York Geburt seiner drei Kinder. 1933 bis 1983 bestritt Peale wöchentlich eine eigene Radiosendung, die ihn landesweit bekannt machte. Ausgedehnte Vortragstätigkeit, der er bis kurz vor seinem Tode nachgegangen ist, führte ihn um die halbe Welt. Aus bescheidensten Anfängen entwickelte er die Zeitschrift „Guidepost", die heute eine

Millionenauflage aufweist. Sein erstes Buch, „Die Kraft positiven Denkens", machte ihn weltberühmt. Das Manuskript wurde wiederholt abgelehnt und erst im Oktober 1952 veröffentlicht. „Die Kraft positiven Denkens" eroberte die Bestsellerliste der „New York Times" im Sturm und hielt sich über 186 Wochen – damals ein einsamer Rekord. Die Weltauflage seines Buches, das in zahllose Sprachen übersetzt worden ist, erreicht heute nahezu zwanzig Millionen Exemplare. Die deutschsprachige Ausgabe erschien 1953 und ist in weit über einer Million Exemplaren verbreitet. Rund dreißig weitere Bücher folgten, die alle zu großen Erfolgen geworden sind.

1984 wurde Norman Vincent Peale für sein Gesamtschaffen von Präsident Reagan die amerikanische Freiheitsmedaille verliehen, die höchste Auszeichnung, die ein Amerikaner erwerben kann.

Mit seiner Frau Ruth lebte Dr. Peale in New York, predigte bis ins hohe Alter an seiner geliebten Marble Collegiate Church, unternahm Vortragsreisen und schrieb. Er lebte seinem Credo, das er Millionen von Menschen in aller Welt vermittelt hat: seinem Glauben an das Gute im Menschen.

Norman Vincent Peale starb am Heiligabend 1993 im hohen Alter von 95 Jahren an Herzversagen. Die ganze Welt trauert um einen großen und gütigen Menschen.

QUELLENNACHWEIS

Freude wird allen geschenkt
Aus: Norman Vincent Peale: *Leben kann Freude sein*, Oesch Verlag, Zürich 1995, S. 7–27

Innere Einstellung und Geisteshaltung
Aus: Norman Vincent Peale: *Der leuchtende Stern*, Oesch Verlag, Zürich 1989, S. 62–69

Die Quelle des Muts
Aus: *Der leuchtende Stern*, Oesch Verlag, Zürich 1989, S. 70–83

Der Kampf gegen die innere Leere
Aus: Norman Vincent Peale: *Mut und Vertrauen durch positives Denken*, Oesch Verlag, Zürich 1991, S. 146–165

Probleme zuversichtlich anpacken und schöpferisch lösen
Aus: Norman Vincent Peale: *Das Ja zum Leben*, Oesch Verlag, Zürich 1994, S. 168–188

Begeisterung reißt Schranken nieder
Aus: Norman Vincent Peale: *Was Begeisterung vermag*, Oesch Verlag, Zürich 1968, S. 311–341

Die andere Macht
Aus: Norman Vincent Peale: *Die Kraft positiven Denkens*, Oesch Verlag, Zürich 1996, S. 73–97

Biographische Notiz
Aus: Norman Vincent Peale: *Die Kraft positiven Denkens*, Oesch Verlag, Zürich 1996, S. 317–318

Inspirationen

Eugen Drewermann
Zeiten der Liebe
Band 5012
Die tiefen und poetischen Texte treffen den Kern existentieller Fragen. Sie lassen
Wege erkennen, die zu einem Leben der Liebe führen.

Laß dir Zeit
Entdeckungen durch Langsamkeit und Ruhe
Band 5006
Hrsg. von Rudolf Walter
Die Autoren inspirieren dazu, sich wieder Zeit zu nehmen für das Leben: für Liebe
und Zärtlichkeit, Trauer ebenso wie für Freude und Genuß.

Antoine de Saint-Exupéry
Man sieht nur mit dem Herzen gut
Band 5005
Von der Zuneigung und Freundschaft zwischen Menschen und darüber, wie das
Eigentliche gelebt werden kann.

Anselm Grün
50 Engel für das Jahr
Ein Inspirationsbuch
Band 5003
Die 50 Engel des Jahres sind inspirierende und diskrete Begleiter des Alltags. Ein
„himmlisches" Buch, zum Schmökern und Verschenken.

Kakuzo Okakura/Soshitsu Sen
Ritual der Stille
Die Tee-Zeremonie
Band 5000
Das Buch vermittelt inspirierende östliche Weisheit, Stille und Klarheit.
Tee-Zeremonie als Lebens-Kunst.

HERDER / SPEKTRUM